和润童年　点亮一生

“和润教育”全面育人体系建设的实践与探索

尹怡华　主编

山东大学出版社
SHANDONG UNIVERSITY PRESS
·济南·

图书在版编目(CIP)数据

和润童年　点亮一生:“和润教育”全面育人体系建设的实践与探索 / 尹怡华主编. —济南:山东大学出版社,2024.5
(“和润教育”校本化实践成果系列丛书)
ISBN 978-7-5607-7781-8

Ⅰ.①和…　Ⅱ.①尹…　Ⅲ.①小学教育—教育研究　Ⅳ.①G622.0

中国国家版本馆 CIP 数据核字(2024)第 080801 号

责任编辑　董　戈
封面设计　蓝海文化

和润童年　点亮一生
HERUN TONGNIAN　DIANLIANG YISHENG
“和润教育”全面育人体系建设的实践与探索

出版发行　山东大学出版社
社　　址　山东省济南市山大南路 20 号
邮政编码　250100
发行热线　(0531)88363008
经　　销　新华书店
印　　刷　济南巨丰印刷有限公司
规　　格　720 毫米×1000 毫米　1/16
　　　　　11 印张　203 千字
版　　次　2024 年 5 月第 1 版
印　　次　2024 年 5 月第 1 次印刷
定　　价　48.00 元

《和润童年　点亮一生》
编委会

主　编	尹怡华			
副主编	任洪娟	刘彦萍	马　鑫	周璐璐
编　委	蔡春燕	姜　健	李奥菲	刘　彬
	桑成宝	邵雪花	吴　菲	张甜甜
	张　旭	赵文琪	白　丽	

序

这里地方不大，但是能量满满；

这里位置不显，但是定力满满；

这里外貌不扬，但是内涵满满；

这里名气不大，但是奥妙满满。

这里，是一所蕴含高新教育情怀、用心用情创建的美丽校园；这里，就是让全校师生深深热爱、内涵丰盈、成效可见的济南高新区奥龙小学。

这是一所充满阳光、正能量满满的温润校园。在这个校园里，学生是自主成长的主体，可以选择自己喜欢的课程；在这个校园里，教师的教育教学都是从学生的需求出发，陪伴孩子们健康、快乐地成长；在这个校园里，你每天都会看到孩子们脸上阳光、自信、快乐的笑容，听到孩子们朗朗的笑声、读书声……这就是我眼中的积极向上、温暖和谐的美丽小学。

作为该校近几年的特聘专家，我认真观察了这所学校的发展与变化，感受到了学校在文化理念引领、和润教育品牌打造、教师专业发展、高效课堂建设、各级各类和润育人成果的生成方面所做的努力。在这个过程中，奥龙小学全体教师在尹怡华校长的主持引领下，秉持“和合共进，润心育人”核心理念，结合改革探索的重点、难点任务，坚持系统推进、全员参与，团队攻坚、精准施策。同时，结合学校队伍建设优势，利用共同体、工作坊等多种形式和路径，展开一轮轮思维碰撞，一遍遍打磨完善，最终收获了满满的教育成果。在这个过程中，我也深深地为奥龙小学的校长、管理团队、老师们细致严谨的育人态度和兢兢业业的办学精神所感动！

正逢奥龙小学建校十周年之际，奥龙团队认真梳理和凝练经验，写就本书，既记录了学校的发展历程，也从不同侧面展现了学校办学育人的创新探索和示范成效，让读者和各位同仁可以更多地了解学校内涵建设的系统设计和探索历程，这也正是本书的优势亮点所在，希望能为教育同仁们提供一定参考和借鉴。

曾继耘
北京师范大学博士、山东师范大学教授
2023年11月6日

前　言

有一所学校，以“和合共进，润心育人”为核心理念，坚持和润文化引领，润育学校每一个生命的健康成长；

有一所学校，以“和润童年，点亮一生”为教育愿景，以童年成长为契机，以引领学生全面发展为教育使命；

有一所学校，致力于培养“有梦想、有力量、赢未来的阳光少年”，创办“有信仰、有活力、高品质的现代学校”，已成为百姓家门口的优质品牌学校；

有一所学校，步履从容，走过十年春秋，成长起一批批优秀的教师，更培育了一批批优秀的学子；春华秋实，荣誉诸多，硕果累累，在省市区乃至全国都发挥了不可小觑的引领与示范作用。

这里，就是位于济南市东荷路 1121 号的六年制公办小学——济南高新区奥龙小学。学校创办于 2012 年 9 月，教学规模规划 18 个班，占地面积 11000 平方米，现有一至六年级 20 个班、师生 800 余人。城堡式的教学楼，是孩子们向往的乐园；和谐共进的文化氛围，是老师们成长的家园。校园虽小，却精致优美、内涵丰富，处处弥漫着书香气息，彰显着育人品位。校内一砖一石的布置都独具匠心，一花一草的种植都彰显着教育的痕迹。这样一所小小的学校，是如何做到十年快速发展与壮大，如何获得家长持续多年的 100% 满意，如何实现百余项省市级荣誉和特色品牌的创建与示范的？或许，在这本书中可以找到答案。

《和润童年　点亮一生》主要由综述篇、实践篇、成效篇三部分组成，涵盖了奥龙小学建校十年来的发展历程、重点探索与实践成效。其中，综述篇重点介绍了学校的发展历程、区域优势对推进办学的引领以及“和润教育”

育人体系的整体架构。实践篇详细介绍了在“和润教育”理念下，学校围绕“和”与“润”两大层面进行教育教学实践探索的重要内容和路径：学校原创的教师专业发展“COAI一体化”机制成果，为教师的专业成长全面助力；以“KPC高效课堂”为重点的课堂教学模式，为实现各学科高效教学育人提供坚实保障；“123N家校共建”运行机制，持续助力家校共育高效落地；“和润课程”体系，成为培育奥龙学子全面发展的重要载体；以“种子+”课程思政育人体系为主的德育一体化建设项目，是学校贯彻落实立德树人根本任务的重要内容和路径；“雅润管理”突出精细化特点，赋能学校高质量办学；“1234梦想阶梯”评价机制，助力师生共同成长；“温润校园”重点体现在学校空间融合、功能整合、多元创生和自然呈现等方面。成效篇则重点梳理总结了建校以来的主要办学成效和未来规划展望，激励每位“奥龙人”持续奋进，探索创新。

本书是奥龙骨干团队共同梳理凝练的成果展示，期待能够为教育同行和读者们提供一定借鉴与参考。因水平有限，书中定有很多可以继续丰富和完善的地方，敬请各位专家、学者以及读者们多提宝贵意见。

尹怡华

2023年10月7日

目　录

综述篇

实践篇

成效篇

综述篇

济南高新区奥龙小学于2012年9月建校，占地面积11000平方米。学校坚持“和合共进，润心育人”的核心理念，以“和润童年，点亮一生”为教育愿景，致力于培养“有梦想、有力量、赢未来的阳光少年”，创办“有信仰、有活力、高品质的现代学校”。

自建校至今，学校坚持高质量办学和育人，尤其是在课程建设、德育一体化建设、身心健康培育、教育信息化建设、文明校园创建、教师专业发展、艺体特色教育建设等方面，特色鲜明，成功创建了“和润教育”育人品牌，各方面成绩稳居济南市、高新区同类学校前列，取得了学生喜欢、家长满意、社会认可的办学成效。

第一章　学校发展历程

建校前六年，学校是一所由济南市高新区管委会、山东省实验小学和山东中海华创地产有限公司合作创办的六年制公办小学，配套设施齐全，师资力量优良，管理理念先进，原校名为“济南市奥龙小学”。2018 年 8 月合作期满，学校完全归济南市高新区管委会管理，更名为“济南高新区奥龙小学”（简称“奥龙小学”）。

根据学校建校发展的关键节点，可以将学校的建设发展划分为初期创建阶段、新优发展阶段和特色提升阶段。

第一节　初期创建阶段（2012～2018 年）

初期创建阶段主要是指 2012 年 9 月建校至 2018 年 8 月底，也就是学校合作办学阶段。本阶段学校校名先后为“山东省实验小学合作学校”和“济南市奥龙小学”。其间，由山东省实验小学派驻李笃强、尹怡华分别担任奥龙小学执行校长和副校长，选定骨干教师刘广彬、张晶、杨洪波分别担任学校教学处、德育处、总务处主任，组建起奥龙小学第一届管理团队；2016 年 11 月起，由尹怡华担任执行校长，带领师生齐心协力推进学校全面建设和发展至今。

奥龙小学于 2012 年 9 月正式开学，学校各方面力量、基础配备都比较优良，加之高新区管委会的特别支持、山东省实验小学的先进管理经验移植，学校从建校起就进入发展的“快车道”。秉承山东省实验小学“润泽生命，教育无痕”的核心理念，李笃强校长提出坚持“因材施教，主动发展”的教学理念，以“个性化教育”为实施途径，打造适合师生共同成长的教育乐园，致力于把学校建设为“小班化、精致型、国际化、高品位”的现代化学校。比如，学校建校第一年即全面启动的每周五下午的走班选修课程“自主快乐Friday”、心理健康教育工作室的建设启用、《奥龙月报》的创办等，不仅快速、有效地促进了初期创建阶段学校的稳步运行与发展，而且为学校后续特色创建、品牌创建等奠定了良好的基础。又如，自2014年起，学校成为济南市第一家电子书包项目实践学校，该项目成为学校信息化建设的特色项目，探索出了电子书包环境下各学科教学与信息技术深度融合应用的高效路径、策略、教学模式等，引领了学校信息化各层面的全面创建，促进了全校师生信息化意识和素养的提升，为学校信息化品牌创建奠定了扎实、深厚的基础。再如，2016年暑期学校启动了“假期·开学”系列特色课程。每逢寒暑期，各学科教师都会提前规划设计假期课程“十个一”实践手册，假期不再是学习的“空白期”，而是深入生活、综合实践应用的“显威期”。通过“假期‘十个一’手册”的设计和应用，学生不仅能够巩固学科知识与技能，还可以体验到学习与生活的密切关系和学习的意义；同时，每个学期开学第一周，全体教师不急于讲新课本，而是引领学生分享自己的假期实践、生活体验以及假期发生的大事件、新鲜事件、个人经历感悟等，将学习与生活相联系，让学生体会学习与生活的密切关系，有效打败“开学综合征”，促进学生自然高效地开启新学期的学习旅程。该特色课程成果于2019年被济南市教育局评为“济南市德育品牌”，并在市、区不同范围的现场会上得到分享推广。

基于学校稳固的基础、优质的管理、优良的师资和各方面工作的有效运行，学校办学育人质量很快得到家长、社会的认可，尤其是在信息化建设、课堂教学、文明绿色教育等方面成效凸显，各方面学业质量居区域领先水平。学校于2014年被评为济南市绿色学校和济南市语言文字示范学校；2016年，被评为高新区文明校园、济南市文明校园，因为在济南市“创城”过程中的优异表现，还被破格认定为济南市市级文明单位；2017年年底，被评定为山东省首届文明校园等；其间更是多次迎接全国、省、市、区各级专家及各地参观团的莅临调研和观摩学习等。学校运行平稳高效、特色初显，实现了建校初期的规划和目标预期。

第二节　新优发展阶段（2018～2021 年）

新优发展阶段是学校在被济南市教育局确定为“济南市首批新优学校”创建培育校后，基于前期各方面工作，进行全面成效提升和成果梳理的阶段。其间，学校各方面工作百花齐放，育人体系和品牌风格初步形成。同期，学校还相继被评定为济南市“泉家共成长”项目学校、济南市德育品牌学校、山东省中小学心理健康教育特色示范学校、山东省“十三五”教育科学规划课题项目学校、山东省第二批信息化试点单位等。2020～2021 年，以上各级各类学校项目相继迎来验收评定，学校全面创建取得显著成效和丰硕成果，教育教学质量随之快速提升，赢得家长、社会和各级专家领导的一致认可与好评。

2018 年，恰逢济南市“三类学校”创建工程启动，学校顺利地被确定为“济南市首批新优学校”创建培育校。新优学校的创建坚持育人为本、全面发展的办学宗旨，树立科学的教育质量观，将促进学生健康成长作为学校一切工作的出发点和落脚点。在创建效果评价上，突出学生视角，关注学生的亲身感受和体验，把学生喜欢老师、喜欢学校、喜欢学习作为重要追求，把学生满意、家长满意、社会满意作为重要准则，不断增强师生、家长对学校改革发展的获得感。在育人观念上，回归教育本原，关注每一个学生的身心健康发展、个性差异发展。在课程建设上，根据学生发展需求建立丰富、可选择的课程体系。在课堂教学上，满足每一个学生的学习需求，特别关注对困难学生的成长支持。在质量评价上，关注学生学业水平的同时更关注孩子的身心健康和全面发展。

2018～2020 年是“新优学校”的全面创建阶段，学校聚焦内涵发展和质量提升。“新优学校”的创建是学校高质量建设的“加速器”，是学校品牌建设的“里程碑”。

申报初期即 2017 年年底，学校基本的创建定位是：基于学校基础成效和优势，继续坚持办学规范性与高效性，力求示范性与引领性，体现研究性与特色性；继续做到教育质量全面提升、各类满意度持续进步、特色品牌逐年凸显、内涵发展与外延建设同步发展；继续以课程体系完善、综合文化中心建设、学生全面培育和个性培育、教师专业化稳步提升、德育生态文明创建等为重点切入，致力打造“小规模、精致型、研究性、高品位”的现代化学校教育，积极创建社区家门口家长满意、师生幸福、社会认可、优质发展的新优品牌学校。希望在各级领导、专家的引领指导下，通过三年努力，全面推进和优化学校整体发展规划的科学设计、全员全科全程育人途径，全面提升教育质量，建设课程完整体系，家校社合力共建校园，助推校园文化浸染信息技术发展等，全力打造新优学校品牌。

2018年年初，济南市教育局组织各申报学校就“新优学校”创建情况进行集中答辩。以此为契机，尹怡华校长再次结合学校实际，思考梳理学校工作和长期发展目标规划，并特别邀请到北京师范大学博士、山东师范大学教授，长期耕耘在中小学教育教学一线的著名教育专家曾继耘，莅临指导学校的整体规划和顶层设计，综合学校特色与优势，正式确定“和润教育”育人品牌创建目标，坚持“和润”为核心的文化价值引领、“和合共进，润心育人”的核心理念、“和润童年，点亮一生”的教育愿景，致力于培养一批“有梦想、有力量、赢未来的阳光少年”，创办一所“有信仰、有活力、高品质的现代学校”。

在“新优学校”的三年创建历程中，学校紧紧围绕“和润教育”核心思路发展。在2020年“新优学校”验收总结阶段，经过全面梳理和系统总结，学校建构起和润教育“一体五翼十举”的一体化育人架构体系。基于该品牌体系的成功创建和引领，学校全面育人内涵不断丰富，发展建设进入“快车道”，赢得了家长、社会、专家、领导、同仁的一致认可与好评。

同期，学校又被济南市教育局确定为济南市首批百所家长学校示范校。本着边创建、边研究、边提炼、边应用的基本原则，家校共建工作迈上新台阶，梳理生成以2020年1.0版“1234家校共建”运行机制为主到以2022年2.0版“123N家校共建”运行机制为主的相关经验成果，常态化推进、落实家校共育各项工作，为学校全面育人质量的高效提升打下了坚实的基础。

2018年，学校被确定为山东省第二批信息化试点单位，开启了关于教育信息化深化建设的新探索。结合学校与学科教学的深度融合、教师信息素养提升、资源平台建设、特色课程开设等工作，学校开展了创新实践，并取得了良好成效，在2021年的省级信息化试点单位验收中取得了优秀成绩，获得了“山东省教育信息化示范单位”荣誉称号。其间，结合学校电子书包项目的实践与探索，学校以申报济南市“十三五”教育规划立项课题为契机，进行系统规划与设计，其中“电子书包视域下各学科微视频制作与应用的实践研究”课题被济南市教育规划办成功立项为济南市“十三五”教育规划重点课题。基于三年的课题引领与带动，学校进行了深入探索和实践，凝练生成了创建成果，顺利结题并获得济南市教育科研优秀成果二等奖的好成绩。学校也多次作为代表迎接中央电化教育馆原馆长王珠珠、省市区各级各类考察团、信息化专家的莅临调研和指导，多次代表省市区参加国家级、省级现场会展示和经验推介等。

教师是学校高质量发展的重要保障和根本力量。2018 学年至 2019 学年，学校基于师资队伍实际和发展需求，进行了全面规划与系统设计，致力于以促进全体教师专业发展和构建科学高效教师梯队为目标，探索以“教师专业发展共同体”为基本单位和运行模式的发展路径及策略，并成功申报立项省级“十三五”教育规划课题“校本化教师专业发展共同体机制建设的实践研究”。基于课题的引领与带动，通过两年的系统实践和梳理，学校初步构建起了涵盖组织建构机制、高效运行机制、成长评价机制和持续创新机制的教师专业发展“COAI 一体化”机制，这对引领带动全校教师队伍建设和专业素养提升起到了不可替代的促进作用。该成果还获评济南市基础教育教学成果奖特等奖，并得以在省市区各级各类研讨会中进行推介和分享。

第三节　特色提升阶段（2021 年至今）

2021 年至今是学校名校战略暨学校特色品牌建设的新阶段。经过建校后近十年的努力，学校文化理念、师资队伍、特色项目、常规工作运行都已趋于稳定，稳定优质的教师队伍、稳中有进的学业育人成绩、持续提升的各类满意度、国家省市区的各项成绩荣誉等都是学校各方面工作稳步推进的重要体现，也是学校逐步向着高品质现代化学校发展的重要保障。

2021 年年底，济南市第二批“三类学校”创建工程启动，奥龙小学成功获批济南市“特色学校”培育校；同期，济南高新区组织推进各中小学校实施名校或强校建设规划，奥龙小学被确定为高新区名校工程培育校。经过系统调研和规划，结合学校办学定位、学生发展需求和成效优势基础，特确定以学生“健康第一”为核心的特色品牌定位，致力于创建一所优质、典型的“健康教育”特色名校，并制定了名校战略暨特色学校创建三年发展规划，开启了学校特色创建新历程。同期，原有优势特色课程、德育建设、特色项目等也都一并持续稳定推进，学校逐步梳理相关成果，深化落实学校立德树人根本任务。

身体健康是心理健康的基础和载体，心理健康是身体健康的条件和保证。本轮“特色学校”创建是在前期“新优学校”培育的基础上进行的，学校紧紧围绕当前学生成长中的重点、难点和痛点，利用三年左右时间，重点聚焦学生“健康第一”成长目标，通过“身体健康教育”和“心理健康教育”的科学规划和高效实施，努力改善在校学生的身心状态，切实促进每一名奥龙学生都能成长为具有良好身心素养、掌握多样健康技能、养成科学锻炼习惯、具备专项体育特长的阳光少年。这是学生一生幸福和终身成长的不竭力量。

健康之精神寓于健康之身体，这是教育家洛克特别强调的。结合“和润教育”品牌优势，学校将体育教育工作进行统筹规划和顶层设计，确立“体育教育工作一体化”设计工作方案。在特色创建的三年周期内，一体化设计和推进学校师生身体健康教育工作，助力奥龙学子不断增强身体素质和体育技能，确保每名奥龙学生毕业时至少掌握“6＋2＋1”项体育运动技能，即6项个体基本运动技能、2项团体专项运动技能、1项亲子协作运动技能，旨在增强每名学生的体质体能，培养其终身体育锻炼意识，使其养成“爱运动、会运动、能运动”的良好习惯，促进其身心健康、人格健全和全面发展。由此，科学建构“健康知识＋基本运动技能＋专项运动技能”的育人运行模式，将体育教育与其他教育有机融合，形成体育健康教育常态化，凸显鲜明的办学特色，丰富学校高质量全面育人体系内容。

世界卫生组织提出，健康不仅是躯体没有疾病，还要具备心理健康、社会适应良好和有道德。简言之，健康是指一个人在身体、精神和社会适应等方面都处于良好的状态。自建校以来，心理健康教育工作一直是学校教育教学的重要内容，更是对学生就综合素养、健全人格、身心健康、社会适应等进行全面培育的最佳抓手。本次创建特色学校，主要是对学校现有心理健康教育推进举措的重新设计和全面规划，重在培育学生的阳光心态和良好的心理素养，为培养有梦想、有力量、赢未来的奥龙阳光少年做好最基础的心理成长准备。

同期，一体化系统设计学校德育工作方案，重点是基于学校2020年在山东省教育厅立项的课程思政教改项目，将以思政教育、健康培育、习惯养成为主的系列内容进行一体贯通与融合推进实施。该项目目前已顺利结题，典型举措成果获得市级一等奖好成绩。

课堂教学是学校教育教学的主阵地。“KPC高效课堂”，即基于关键问题解决和学习共同体建设的高效课堂，是近两年学校基于自身优势与实际积极打造构建的适合奥龙特色的高效课堂。在学校校本教研共同体的实践过程中，全体教师深耕课堂，以各教研共同体和学科工作坊为基本运行和研讨单位，积极探索构建“KPC高效课堂”教学基本流程范式，并逐步梳理出各学科灵活创新的教学模式，旨在通过范式构建，引领青年教师快速成长，提升课堂教学效益，推进学校高效课堂建设，促进学校课堂教学改革创新，切实提升学校育人品质。

各级各类特色课程建设是学校特色品牌的重要内容，也是支撑学生素养生成的核心载体。小项目，真行动，大收获。每学期一个小主题的班级主题项目系列课程是学校德育品牌特色课程——“假期·开学”系列课程的延续，是学校自2018年年初就启动的系列特色课程。2021年起，学校尝试将三年的探索实践进行系统梳理和凝练，以期形成支撑学校全面育人体系的特色课程品牌。本着全校师生人人参与、各班项目自主认定、专家经费动能引领、项目推动创新成长的基本理念和定位，各班课程主题内容涵盖了绿色环保、节能生态、科技创新、科学工程等。新学期的第一周各班自主选定、申报、设计该课程，并自定本学期中一个周的下午持续推进实施该课程。在班主任老师的带领和相关学科老师、专业老师、特聘家长的协助下，全体学生共同参与，有条不紊地实施该课程。重在通过项目主题研究、多学科整合教学、综合探究与实践性学习，培育学生的综合技能、实践能力和全面素养。

用“科研”的思维做“教研”，通过科研引领各层面工作科学、高效开展，实现高质量办学和“兴师强校”，始终是学校办学发展的首选路径和持续策略。省级“十三五”教育规划课题“校本化教师专业发展共同体机制建设的实践研究”顺利结题后，学校针对研究的初步成果继续进行规划设计，再次成功申报立项了省级“十四五”教育规划课题，开启了对教师专业发展共同体机制建设的深入探索和成果转化研究，以期将该机制的相关运行模式、举措等更科学地应用于教师专业发展，包括高效课堂建设和学生学习方式的改革与创新过程中。2022年，学校获批国家级“基于教学改革，融合信息技术的新型教与学模式”项目培育示范校，继续深入探索信息技术与课堂教学深度融合的具体路径和创新举措等，以期通过各级各类科研课题的引领、项目的带动和专家的指导，全面提升学校育人质量，创办各类育人品牌等。

2021年适逢国家“双减”政策的提出和推进实施。学校精准施策，积极推进落实“双减”，充分发挥教育主阵地的功能，在教育教学、作业设计、午间配餐服务、下午放学延时、身心健康培育等方面优化设计，多措并举，特色鲜明，成效突出，成果得以在各级媒体和现场会等进行推介。在“和润教育”育人品牌引领下，学校特色办学效果更加凸显，育人体系更为完善和丰富。

第二章　区域优势推进

济南市高新区作为第一批获批成立的国家级开发区，充分发挥独有的政策与平台优势，自 2017 年起，以机构改革推动机制变革，在全国率先启动教育体制机制改革，打响了中国教育体制机制改革尤其是教师编制改革的“第一枪”，打破了原有学校、校长和教师发展的“天花板”。

第一节　体制机制创新改革，激发办学“源头活水”

高新模式的教育体制机制改革史无前例。面对这样的发展变化，此时的学校教育到底怎样运行？目标怎么确立？师资队伍、教育内涵、育人路径等如何定位，如何推进，如何高效运行？面对一系列的课题内容，在高新教育大方向的统领和绩效经费灵活性保障下，政府将各学校内部运行自主权更多地交给了学校，交给了校长。校长需要带领教师自定目标，自创路径，自主成长，自主评价，自主实施绩效分配。对正处于建设发展“瓶颈期”的济南高新区奥龙小学而言，教育体制机制改革的到来成为学校步入发展“快车道”的“新引擎”。

高新区区域教育体制机制改革以岗位聘任为突破口，以绩效考核为杠杆，以绩效薪酬改革为驱动力，以改革发展“四个高地”建设为着力点，通过几年的实践与探索，逐步凝聚起了高新教育发展的磅礴力量，逐步实现了从教育管理向教育治理、从内涵提升向特色发展、从鲜为人知向品牌蝶变的转变，走出了一条“内涵提升，特色发展，群峰并起”的教育改革新路径。其间，各学校办学自主权得到最大程度的彰显，校长统领规划，团队和合共进，教师全员参与，每一名教师都是学校的"真主人"，每一项工作都是学校的"实在事"，每一次行动都是学校的"共智慧"，每一次成效都是学校的"高水准"。高新区教育体制机制改革的灵活保障成为学校快速建设、高效发展、品牌生成的源头活水。

一、自主报名，全员参与

以 2017 年第一轮改革推进为例：2017 年 7 月，教育行政部门主持召开校长会，详细解读教育体制机制改革的主要精神和相关试行方案。2017 年 8 月，各学校召开全体教师会，详细解读试行方案；本着完全自愿的原则，教师自愿递交改革申请书比例达到 80%以上的，学校召开教代会通过并递交改革申请。2017 年 11 月，全区 33 所中小学校以学校为单位报名，自愿加入改革行列，共计 1700 多名教师自愿放弃原"身份"管理，主动加入"岗位"管理，从"学校人"转为"系统人"。按照岗位聘任管理办法，所有申报的学校，其教职工全部被纳入济南高新区统一管理，从"学校人"变为"区域人"，教师由区域统一调配、统一安排，真正实现"区管校聘"。

二、自定指标，专业引领

申报参与改革后，各学校自主组织，研究拟定学校三年发展规划和六年发展愿景，同时自主研究制订由关键指标、特色指标、其他指标、加分指标、"一票否决"指标组成的三年发展性评价指标体系和本年度的考核指标体系。同时，根据全区改革试行方案，各学校制定本校教职工考核方案、绩效工资分配方案等一系列方案制度，提交教代会审议通过并上交教育主管部门备案审核。

考虑到改革初期的各种不可预期因素和对各学校校情的科学监控、督促提升，教育主管部门专门组织教育专家团队，逐一对各学校三年发展规划、三年发展性评价指标体系、学校教职工考核方案、绩效工资分配方案进行论证，校长现场答辩，审核通过后各校正式实施教育改革，并兑现绩效工资。这也是改革过程中教育主管部门进行过程监测和动态跟进的具体举措之一。

三、自主分配，优劳优酬

改革薪酬制度坚持优绩优酬，强化薪酬激励。各学校自主制定内部绩效考核管理办法，绩效工资分配要充分体现教师工作量和实际业绩，切实解决“干与不干一个样，干多干少一个样，干好干坏一个样”的问题。本次改革的重点就是打破选人用人、薪酬分配、奖惩激励等机制性障碍，围绕“干部能上能下，人员能进能出，待遇能高能低”，探索建立鼓励竞争的干部和人事管理制度。通过改革，切实将学校的办学自主权还给学校，赋予校长在干部使用、评优评先、课程实施等方面的权力，调动学校自主发展的内驱力，鼓励支持各学校在追求科学发展的前提下提升办学特色。

四、双轨运行，稳步推进

为了更加积极稳妥地推进本次改革，特实行档案工资与实际薪酬相分离、人事档案管理与合同聘任管理相分离的“双轨运行”管理机制，即原有编制内人员由相关部门负责保留身份、档案工资待遇、职称等，并随着政策的变化随时调整，但不实际兑现，其间遇有退休的按档案工资情况办理退休手续。这也是改革初期实现改革前后各项工作有序高效过渡的重要举措和路径。

第二节 “转放评聘”一体推进，优化教育健康生态

“转放评聘”一体推进，构建政府、学校、社会之间的新型关系，加强学校办学自主性，设计多元评价机制，设置双向自主的岗位聘用机制，是全面深化教育领域综合改革的重要内容，是全面推进依法治教的必然要求，是提高教育行政效能、激发学校办学活力、调动各方发展教育事业积极性、展现学校特色的有效途径。

一、“转”变教育行政职能，实现管办评分离

通过改革，理顺政府与学校的关系，以购买服务的思路，按照学校培养学生的数量、质量及社会满意度等指标，以生均经费的方式拨付绩效工资，

既激励学校主动提高育人质量，又督促学校避免过度用人，进一步提高教育工作实效和人均工作效益。

二、“放”权校长自主办学，激发学校新活力

校长是学校发展的关键，以校长竞争上岗、面向社会公开招聘名校长为突破口，可提高校长综合素质和整体管理水平。结合校长职级制改革，将对校长个人的职级评定转变为对学校岗位管理难度的评定，实现从对校长的身份管理到岗位管理的转变。校长可根据个人情况和岗位等级对应的待遇，列出学校三年发展指标，进行竞争上岗，这样既便于今后的考核，也利于校长系统梳理学校的发展思路，推动学校治理能力不断向现代化迈进。

三、“评”价多元激励发展，多措并举助增值

（一）目标驱动，引领学校内涵建设

改革后对各学校的评价指标更加科学，更加全面，更加重视学校教育质量和内涵建设。将对学校的评价和对校长的评价相捆绑，学校评定为优秀，校长即为优秀，学校不是优秀，校长也无法获评优秀，会影响校长的绩效分配与发放。教育评价指标主要分为关键指标、特色指标、其他指标、加分指标和“一票否决”指标。通过对各学校自主设定的各类指标达成情况的评定，确定对学校全面考核结果的审定和各类绩效工资的分配。这套评价体系既体现党和国家对教育的要求，也体现社会对教育的期许，同时给予了校长更大的自主办学权，有利于实现学校的特色发展。在评价过程中，更加侧重对其实施发展性的评价，引导和鼓励学校自我分析、自我研究、自我改进。全面指标的设定与执行，切实助力了各学校教育内涵的全面建设与有效提升。

（二）积分带动，助推教师专业提升

为更好地解决“干好干坏、干多干少都一样”的顽疾和创造教师职级晋升新赛道，高新区教育体制机制改革建立了教师薪级晋升积分制，教师薪资增长不再受职称名额限制，只要达到相应的积分即可晋升一个薪级，这打破了教师专业化发展和薪酬体系的“天花板”。高新区多所学校结合教师队伍现状和校情，逐步设计和丰富教师专业成长的路径和举措，切实提升全区教师工作的积极性、内驱力，促进教师专业化水平的主动发展与学习提升。比

如，奥龙小学基于年轻教师多、学校规模小等特点，探索生成以“COAI一体化”机制为主的教师专业成长机制，通过“名师项目制”“学科工作坊”“师徒共同体”“青蓝一对一”等多项举措的实施，助力教师专业发展和梯队建设，其形成的可推广、可复制的系列典型经验受到了各级各类兄弟学校的借鉴和推广，被评为济南市基础教育教学成果，在全省教育发展论坛上得到了推介。

(三)结果联动，落实立德树人任务

高新区各学校评价指标包括关键指标、特色指标、其他指标、加分指标、“一票否决”指标，重在培养学生核心素养。其中关键指标涵盖学业发展水平、家长满意度、学生满意度，特色指标涵盖品德发展水平、综合素养与课程建设等各方面，更加注重对学生全面素养的培育和个性化发展需求的满足，有利于学校立德树人根本任务的高效落地。这些指标内容由学校根据自身发展的实际制定，经教育专家指导委员会审定后，成为学校第二年的工作目标。学年末，社会第三方评价机构根据学校制定的指标进行考核，学校考核成绩即为校长的考核结果。考核结果影响教职工的评优比例。学校考核为“优秀”的，教职工优秀比例为20%；学校考核为“合格”的，教职工优秀比例为15%；学校考核为“基本合格”或“不合格”的，教职工优秀比例为5%。这样既解决了“干好干坏、干多干少都一样”的顽疾，又有利于形成团队合力，提高育人效果。

四、“聘”岗机动双向自主，优化生态促内驱

(一)优化岗位管理，实行全员聘任

打破事业单位“铁交椅”，实现从身份管理到岗位管理的转变，形成能上能下、能进能出的灵活用人机制。对自愿加入岗位聘任管理体系的人员，封存事业身份，实施全员聘任制。校长通过竞聘、公开招聘方式产生，副校长由校长提名、报上级主管部门审批，学校中层、教职工由校长直接聘任。被聘人员均与教育集团签订聘任合同，明确岗位职责、工作目标、工作任务。

(二)打造人才超市，助力“区管校聘”

为促进区域内义务教育的均衡发展，深入实施素质教育，2021年暑期开始，济南高新区以打造全国教育体制机制改革高地为目标，继续深化人事制度改革，通过设置“人才超市”平台，搞活用人机制，全区教育系统按照“总量

控制、统筹城乡、结构调整、有增有减”的原则，核定全区中小学教职工员额总量。教职工个人不再是某个学校的“学校人”，而是高新区教育系统的“系统人”，打破了以往限制人才交流、教育事业发展的层层壁垒，为教育系统管好人才、用好人才探索出了一条“区管校聘”的“高新方案”。

（三）实施双向选择，盘活人才资源

在落实“区管校聘”工作时，为充分尊重教师意愿与调动学校办学积极性，实施了教师与学校双向选择，即教师可以选择学校，学校可以聘任教师。双向选择坚持的导向原则是“态度第一，专业第二”，即将中小学教师在日常工作中表现出的兢兢业业、任劳任怨、无私奉献、为人师表、忠于职守、态度端正、热爱教育事业、服从安排等优秀职业品质作为双向选择的首选条件。这样，不仅为教育行政部门优化教师资源配置创造了条件，而且通过支教、交流轮岗等多种方式给教师提供了更多、更广阔的发展道路，进一步完善了教师交流管理体制，促进了城乡师资均衡，推动了薄弱学校教育事业的发展，也有利于实现学校师资的均衡配置和有序流动，师资队伍活力得到了增强，个人潜能得到了充分挖掘，教育教学效益得到了全力保证，为学校发展提供了新的活力和驱动力。

第三节　改革成效“增值共进”，区域引领品牌创建

济南高新区的一系列改革首开先河，极大地释放和激发了学校的办学活力，使学校办学自主权得到了极大发挥，教师专业发展内驱力得到了全面激发，高新区区域教育发展进入了“快车道”。改革优化了区域文化、经济、社会发展生态，其改革探索经验在教育界引起了较大反响。

一、教育生态健康优化

高新区教育体制机制改革的持续推进和高效落地，优化了区域文化、经济、社会发展生态，尤其是改革中实行的多劳多得、优绩优酬、与教育质量挂钩的动态薪酬机制等内容，对广大教育工作者产生了极大的吸引力，众多优秀人才纷纷加入高新区教育团队，师资力量进一步增强。同时，随着高新区教育质量的稳步提升，居民幸福感、获得感不断攀升，招商引资软环境更加

优越，众多优秀人才更乐意扎根高新、服务高新。教育改革也为高新区的经济社会发展贡献了力量。2021 年 9 月，刚刚从济南高新区海川中学（旅游路校区）交流至济南高新区奥龙小学的段荣艳老师，在期末总结会上感慨道："咱们高新区实行的教师交流制度太好了，我来到奥龙小学之后每天都可以听到很多新名词，学到很多以前没有听过也没有见过的新理念和新举措，比如我们的班级项目课程、我们的'N+X'业务大练兵等，以前都没有听说过，我没想到会有这么好的教育效果，让我开阔了眼界和视野。作为一名 50 岁的老教师，这半年的经历让我产生了到更多学校交流和学习的冲动。这样的交流体制很好，有利于老师们的专业成长和智慧发展。"

二、教育发展蓬勃向前

本次改革破解了原来教师动力不足及学校超标配人、自主权受限等问题，真正实现了学校"办学自主，用人自紧，指标自定，成果共享"，促进了教师"自我驱动，主动成长"以及区域教育公平、优质、持续发展。自改革以来，济南高新区教育走上了"快车道"，发生了新变化，逐步形成了教育行政部门、学校、社会等多元主体共同参与的教育治理格局，全区教育在全市逐步从"后进生"迈入"学优生"序列，初中学业水平由改革前的全市末位晋升为全市前三甲，家长满意度达标率由改革前的 46%提升至 100%，并连续 5 年保持 100%，居民教育获得感、幸福感明显增强。区域内各学校快速发展，教育内涵快速提升。优势特色，各美其美，美美与共；亮点品牌，各强其强，强强联合；品牌名校，辐射引领，群峰并起！

三、名校引领品牌频现

高新区教育体制机制改革的实施与推进，不仅鼓励各学校实现优势发展和特色创建，实现各美其美、美美与共的群峰并起健康样态，而且倡导各学校间的合作开放与友好共建，达到各强其强、强强联合的和谐共享智慧效应。正是这样的主张和理念，加快了学校各方面成效快速生成与智慧共享的步伐，切实实现了各学校之间相互学习、相互推进、共同前进、增值成长的"强强效应"。仅 2021 年下半年，奥龙小学就得以多次在省市区各级现场会、高新区高质量育人发展系列论坛（包括名校战略校长论坛、家校共育主题论坛、课程建设现场会论坛）等活动中，进行经验推介和特色推广，成为引领全区特色创建和高质量发展的品牌学校。

改革的成功实施与推进得到了社会各界的高度关注，济南日报以《济南高新区打响中国教师编制改革第一枪》为题报道了高新区的教育改革，并开辟《高新教育体制改革“样本”观察系列报道》专栏，对高新区各学校实行改革后发生的变化进行了系列报道，引起了社会的广泛关注；《中国教育报》《山东教育》《半月谈》等各级报刊刊登报道了高新区的教育改革经验举措，其中“从‘教育管理’走向‘教育治理’”的区域改革案例入选了山东省基础教育改革典型案例；近年来，改革现场更是多次迎来全国各地教育考察团的考察和学习，进一步推动了高新区区域教育的跨越式发展与提升。

第三章　和润教育概述

教育是引领生命成长的科学艺术和伟大事业。小学阶段正是孩子生命成长的关键期，发挥好学校教育的全部力量，润育孩子六年时光，为其一生的健康幸福成长奠基，是学校一直在思考和践行的目标与方向。

结合发展实际和优势特色，学校确立了“和合共进，润心育人”的核心理念和“和润”价值文化引领下的“和润教育”育人品牌，致力于创办一所“有信仰、有活力、高品质的现代学校”，培养一批批“有梦想、有力量、赢未来的阳光少年”。其中，“和”是学校的核心文化，意在和合共进，和谐发展，主要指向学校发展过程中“人”的元素，融合了学校“教师和合、师生和谐、家校合育、社区合力”等关键力量与优质资源；“润”是学校的教育样态，意在润心育人、润泽成长，主要指向学校建设过程中“事”的元素，涵盖了学校“和润课程、浸润德育、丰润评价、雅润管理、温润校园”等核心路径与育人载体。学校各层面、各环节、各内容合力润育，具体表现为：和润课程，构筑和合共育核心载体；浸润德育，落实立德树人根本任务；丰润评价，助力学生心康体健茁壮成长；雅润管理，打造雅正创新品质学校；温润校园，营造温暖多元育人环境。和润一体，相辅相成，共同建构“和润教育”生态，助力学生生命成长（见图 3-1）。

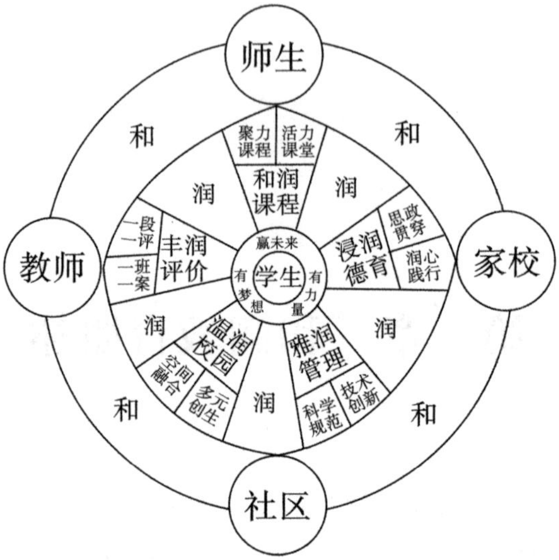

图 3-1　奥龙小学“和润教育”体系图谱

第一节　“和”合共进，文化引领

“和”主要是指基于“和”文化的价值引领，凝聚全体教师、家长、社区、学生等各方面的力量与资源，通过不同层面“动态发展共同体”的构建运行，形成办学发展的合力(见图 3-2)。

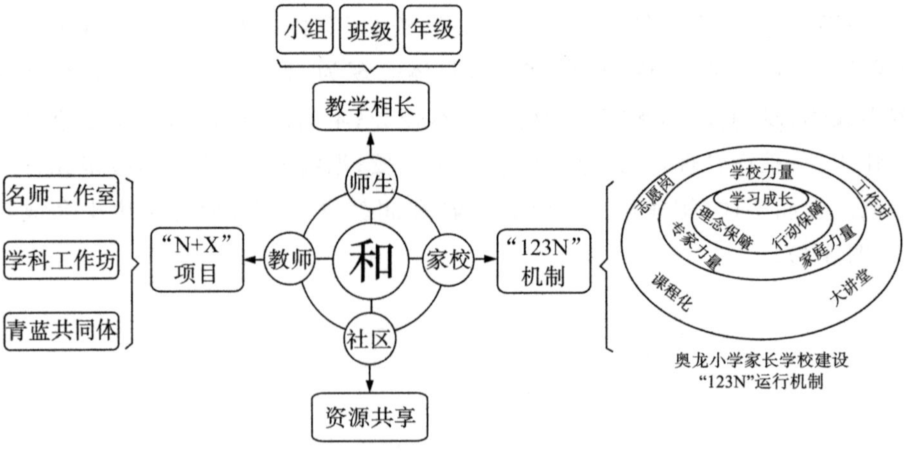

图 3-2　奥龙小学“和”育体系图谱

一、"COAI 一体化"机制，促教师专业成长

自 2018 年起至今，学校全面分析师资情况，推进教师专业发展共同体机制建设研究，并成功申报立项省级"十三五"课题。2021 年 5 月，该课题结项，同时学校梳理出集教师专业发展共同体构建、运行、评价、创新于一体的"COAI 一体化"机制，该机制获评济南市基础教育教学成果奖特等奖；经进一步梳理规划，该成果再次获批省级"十四五"教育规划课题，学校继续对该成果进行深入研究和转化。该研究的实践成果，如"N＋X"业务大练兵项目、学科深度教研工作坊、师徒共同体、同伴互助组、第三空间等，已经成为教师专业发展的优势传统和特色，也在全省教师发展现场会上和友好共建学校中得到了推广检验和应用，切实促进了学校教师队伍的整体建设和素养提升。

二、"123N"机制，促家校同心合育

学校一直重视家校共建共育，作为济南市"泉家共成长"项目学校和济南市首批百所家长学校示范校，学校逐步梳理出了家校运行机制，并实现了从最初的 1.0 版"1234 家校运行机制"向现在的 2.0 版"123N 家校运行机制"的转化，即"1 个中心，2 大保障，3 份力量，N 项举措"。"1 个中心"即以促进学习成长为中心，"2 大保障"即理念一致保障和行动一致保障，"3 份力量"即专家、学校、家庭共建力量，"N 项举措"即家校共育的各项典型举措。通过学校教育，引领家长、学校、社会协作育人是近年学校全力探索实践的方向和领域。

三、"KPC 高效课堂"，促师生教学相长

"师生相长"绝不是空话。积极构建 KPC 高效课堂即基于关键问题解决和学习共同体建设的高效优质课堂，是学校 2023 年教学模式建设的重中之重。一方面要优化教学内容设计，探索研究大单元、大概念、教学评一致的新课标理念，另一方面要聚焦学生核心素养培育，将教师发展共同体机制运行成果应用到课堂教学和学生培育过程中。与学生一起，观察学生，研究学生，师生相长，是一种姿态，更是学生成长的力量。

四、“资源”共享，促社区共建共育

充分发挥社区资源优势，整合社会优势资源，为学校所用，如社区内课程研学基地、各类专业师资课程、校内外场地共建共享等，都起到非常好的共建共育效果。

第二节　“润”心育人，丰富样态

“润”是学校的日常教育样态，这样的教育样态搭建起了以课程、德育、评价、管理、校园为主要路径与载体的育人体系，凝聚了各层面、各环节、各内容的合力，潜移默化地促进了学生的茁壮成长（见图 3-3）。

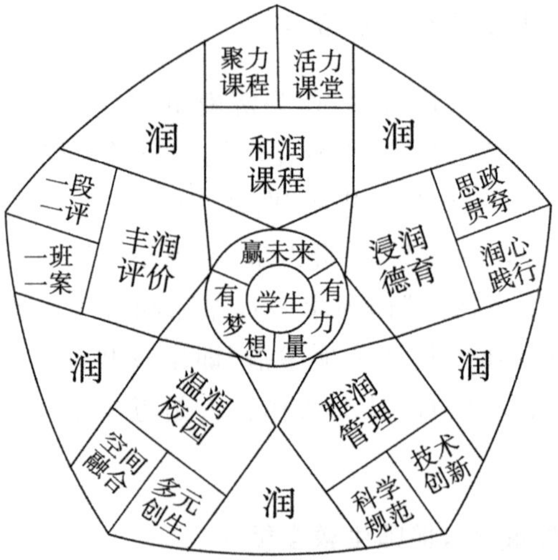

图 3-3　奥龙小学“润”育体系图谱

一、和润课程，构筑和合共育核心载体

和润课程是学校一切教育教学活动的总和。学校“和润课程”育人体系已从 2020 年的 1.0 版发展到目前完善的 2.0 版，由原来更多地聚焦课程内容的系统设计逐步发展到聚焦学校优势和特色课程的精选和凝练，形成课程目标、内容、实施、评价一体化的课程体系框架。如 2016 年暑期启动的

“假期·开学”系列课程获评济南市德育品牌成果，并得以在全市推广；2018年1月启动的年级项目系列课程、每周五下午的“走班选修课程”、“泉引桥”系列衔接课程、家校社共育系列课程等典型经验举措多次被山东教育电视台、央视频、齐鲁网等推送报道，迎来各级各类友好共建学校的观摩学习。和润课程构筑起了奥龙学子全面素养培育的核心载体和路径。

二、浸润德育，落实立德树人根本任务

学校将德育的落实进行了一体化设计，特别是将课程思政、健康培育、习惯养成进行一体贯通与融合润育。

（一）课程思政层面

2020～2022年，学校所申报的“‘种子＋’课程思政育人体系建设的实践研究”被省教育厅立项为山东省学校思政课教改项目。在“大思政”先进理念的引领下，积极探索“全科、全程、全员、全方位”同向同行的课程思政育人实践，项目已经顺利结题，形成了“课程思政”引领的“双十”育人成果，从不同内容、不同层面增加了学校思政教育的宽度、广度和深度，提高了德育实效，打造了育人新品牌。典型举措成果获得了市级一等奖的好成绩。

（二）健康培育层面

将身体健康和心理健康进行一体设计，实现融合共育。首先，经过多年的实践与探索，学校积累了诸多可行、高效的心理健康教育经验和做法，于2018年被省教育厅评为山东省第二批心理健康教育特色学校；近年学校设计的“心育十个一”系列工程再次被省教育厅评选为省级特色活动，学校心理健康教育举措更是多次在省市区心理健康教育现场会等活动中得到推介分享。同时，学校积极探索体育健康教育新路径，确立“运动成习惯，健康伴一生”的基本理念，将常规与特色相结合、线上与线下相结合，开展全员参与式年级项目系列工程建设，致力于确保每名奥龙小学毕业生至少掌握“6＋2＋1”项体育运动技能和良好运动习惯，该项目获得了线上体育教学案例省级一等奖、市级特等奖的好成绩。

（三）习惯养成层面

学校结合“21天养成一个好习惯”、“原样交接好习惯”、劳动实践、一级一品“五个一”素养项目、文明创建、洁美校园等系列内容，推进学生良好习惯的培养，确保学生思想、心理、行动一致，实现教育的潜移默化、润育无痕。

三、丰润评价，助力学生心康体健茁壮成长

“心中有梦想，人人有力量”是学校实施教育教学评价的基本理念和目标。奥龙小学“1234梦想阶梯”丰润评价运行机制坚持以促进成长为中心，从学业水平、德行生成两大层面，依托正在实施的横向系列“一班一案”“一期一册”和纵向系列“一段一评”三大评价举措，坚持过程性与结果性相结合、诊断性与激励性相结合、全面性与个性化相结合、个体性与集体性相结合的基本原则，重在通过不同层面、不同维度的多元性、增值性评价，使每个人都能找到自己的优势生长点，实现全面锻炼、个性发展、茁壮成长。

四、雅润管理，打造雅正创新品质学校

“雅”即合乎规范、正确、雅致、环保、高尚等。雅润管理的第一层境界是遵循规律与科学的管理，第二层境界是绿色高效与创新的管理。

（一）遵循规律与科学

遵循规律与科学主要是指学校管理要严格执行各级办学规范与要求，同时要在学校“和润教育”文化价值的引领下，遵从多元智能优势呈现原则，鼓励每位老师尽可能做自己最擅长的事情，提高和合共进、共育、共成长的效能。

（二）绿色高效与创新

绿色高效与创新主要是指借助现代技术优势，提高工作效能。2019年，学校被山东省教育厅确定为首批人工智能试点学校，2021年被评为山东省教育信息化示范单位，2022年获批济南市国家级教育信息化示范校。基于示范项目的引领和带动，学校大胆探索，积极创新，在技术助力绿色建设、教育教学、家校共育、学校管理等层面成效显著，多项举措案例在国家级现场会、省市级研讨会中被推介分享。

五、温润校园，营造温暖多元育人环境

奥龙小学规模较小，空间有限。学校充分利用有限资源，最大限度地融合所有可用空间与阵地，全面提升各功能室的育人功效。学校创客中心、未来中心、学习中心、艺体中心、泉水厅、文化厅等都是多功能场所，每一个角落都可育人、有教育；环创建设多元呈现、自然生成，营造出有温度、有品位、高品质的温润校园，让所有奥龙人安全感、归属感、幸福感满满。

实践篇

借助高新区教育改革的东风，奥龙小学历经十年发展，初步形成了具有奥龙特色的和润教育全面育人体系。和润教育办学理念是学校办学的出发点，体现了学校的核心价值观，对学校发展起着导向作用。如何将内核的教育理念与教育教学实践相结合，让先进的教育理念在学校落地生根成为全体奥龙人共同关注的主题。经过不断的实践探索，和润教育理念已深入教师、学生、家长的内心，已潜移默化地融入学校各方面的教育样态中。经过实践，和润教育办学理念不断完善，对内发挥凝聚力、向心力的作用，对外增强了学校的竞争力，并形成了育人品牌。本篇将详细阐述和润教育的实践过程。

第四章　“和”合共进，文化引领

综述篇中已全面介绍了关于“和”的内涵。在“和”文化的引领下，学校结合教师发展、师生相长、家校共育、社区共建等层面，在“动态发展共同体”的构建中不断进行实践探索，形成了办学发展的多方合力。

第一节　“COAI”机制，促教师发展

教师专业发展共同体“COAI 一体化”机制是学校在省级“十三五”课题的引领下，经过四年多实践生成的核心成果。目前，又被成功立项为省级“十四五”教育规划课题，旨在通过“动态发展共同体”的构建运行，研究探索教师专业发展共同体建设的有效和长效机制，以实现教师队伍的专业化全面发展、个性化自主成长和校本化持续共建。

教师专业发展共同体建设机制，即“COAI 一体化”机制，是基于教师专业发展共同体的组织建构机制(Construct)、高效运行机制(Operate)、成长评价机制(Assess)和持续创新机制(Innovate)四部分。四个部分既是“COAI 一体化”机制的独立部分，又是有序连接的四个环节，它们相辅相成、相互促进、滚动循环、持续提升。同时，这种共同体建设机制的循环滚动过程凸显出动态性、持续性、发展性、创新性的特点。“COAI 一体化”机制的有效推进切实提高了学校教师队伍建设和专业发展的整体水平。同时，该机制的运行实践过程也切实促进了学校办学、教师成长、学生培育、家校共育、特色品牌的发展。该机制具有很强的可行性与可推广性，得到了各级部门、

兄弟学校、媒体平台的推介和认可。

一、组织建构机制——自主结对、动态生成

教师专业发展“共同体”不是单一模式、固定生成的，而是持续动态、自主结对、随机生成的，是根据学校各专业、各共同体单元内成员的增减、成员发展的速度与程度和不同阶段教师的发展需求等，不断地调整、变化和动态组建而成的，每一个共同体都是一个充满活力的专业集体。在“共同体”的组建过程中，学校鼓励全体教师按照学科相近、年级段相近原则，自主结对组合，由每一位教师从学校每年认定的师傅团队中自主选择自己的师傅。为更合理地分配每位师傅的工作量，要求每位师傅最多带 5 位徒弟，以破解共同体组建过于集中、不便于“百花齐放”和“百家争鸣”的问题。大家自主组合，形成多个风格优势不同的共同体团队。比如，根据学校工作的要求，及时组建“一师一优课”展示课备课共同体，共同体由相应的学科老师组成，共同完成备课、上课、评课、展示等环节；在学校的班级系列项目课程的设计与实践过程中，由班主任牵头进行项目设计，并围绕班级项目的主题“招贤纳士”，及时组建项目课程共同体；每学期教师说课比赛时，通过自主结对，即时组成新的青蓝共同体等。这些共同体是动态的、变化的，由不同的老师根据活动需要及要求组建，共同完成活动的目标及任务。这样组建的同学科或跨学科、同学段或跨学段、青蓝共建、师徒结对等共同体，通过开展系列化、项目式、专题式业务学习与提升活动等，可以更好地实现共同体内成员间优势资源整合、多元互助，多维度、立体化、系统性地增强专业水平。为此，学校专门成立教师发展中心，并确定具体负责人。该中心的主要职能就是根据每学期教师专业发展共同体运行的需要，统筹协调各学科、各层面、各领域动态共同体的构建，并推进各共同体的教师业务大练兵活动的开展。该中心的运行以学校“和润”办学理念为支撑，坚持做到：(1)和合共进，和而不同。根据老师们学习内容、学习领域的不同，组建不同的教师共同体，将学校各学科的教师力量团结起来，群策群力，相互学习，形成教育合力，实现学科整合、教学开放和知识融合，培养教师的综合素养和专业技能等，带动学校教师共同成长。教师通过不同的共同体扬长补短，实现各有所长，每个人的专业才能都有机会和平台得到发挥，每位老师都能看到自己的成长和专业发展的希望。(2)润育希望，润色成长。结合学校教师梯队共同体建设

现状，通过教师发展中心组织开展各梯队的系列学习活动，为教师尤其是青年教师提供学习成长的各种机会和平台，使每一位教师都怀揣梦想与希望，都能在教师发展中心的支持与团队的帮助下成长为最优秀的自己。

根据学校总体规划设计，成立专门的校本化、高效性的教师共同体建设组织机构。机构由学校教学处牵头，由教师发展中心具体推进。3个名师工作室、5个学科工作坊、8个师徒共同体为基本运行单位，高效落实全校教师专业持续发展的校内引领组织机构建设。其中，名师工作室分别由近两年当选济南市优秀教师、济南市教书育人先进楷模、济南市“立德树人”双领军培养人选的王琮、蔡春燕、刘彬老师命名并主持。三位名师通过项目式、共同体、课题研究、成长沙龙等多项举措，结合自己的专业特长与特色，发挥辐射引领作用。学科工作坊指语文、数学、英综、艺体、班主任五大学科工作坊，由蔡春燕、王欣、任洪娟、张亚琪和刘彬五位老师分别负责。各学科每学期根据学科特点与发展实际制定并开展“X项目专题内容”，引领全校教师的专业提升与共同发展。同时在组织的构建与推进过程中，邀请相关领域的专家团队提供专业指导，以保证教师专业发展共同体建设的科学性、高效性和可行性。组织建构机制的形成既推进了学校教师梯队的快速建设，也带动了全校教师的专业成长。

二、高效运行机制——项目带动、骨干引领

在“动态”共同体机制构建的基础之上，为了进一步提升学校教师的教育教学基本功、综合教研技能和创新实践能力，打造高素质的奥龙教师团队，结合学校总体规划和省、市级重点课题及项目，学校启动了每学期一轮的“N＋X”项目教师业务大练兵活动，即通过项目式的任务驱动和学校优秀骨干名师的引领，有序高效地开展各类业务学习和提升活动。“N＋X”项目教师业务大练兵活动将全员教师“N项通识类”业务学习与各学科“X项学科类”业务打磨相结合，通过各学科共同体（含班主任共同体）、“过程练兵”和各学科大组（含班主任大组）成效展评方式，以学校不同层面、不同领域的教师专业共同体为基本单位，由学校教师发展中心设计推进并具体组织落实，通过专门定制的“N＋X”套餐项目推进教师各层面学习共同体的建设，促进教师的专业成长和队伍的发展提升，提升教师队伍素养。

以2020～2021学年第二学期的“N＋X”项目教师业务大练兵活动月为

例，活动沿用学校持续开展的教师专业化提升月活动推进方式，将全体教师的通识业务培训和各学科共同体的个性化业务“练兵”“展评”相结合，实现同步开展。其中，全体教师参与的“N”项活动内容包括：(1)每组一模式。根据各教研组的学科特点，在大组长的带领下，研究适合本学科的课堂教学流程图，每组教学流程不超5步，每步不超8个关键词。(2)每组一课例。根据各教研组研究的课堂教学流程图，每组精心设计、细致打磨并展示一节精品课。(3)每组一好书。以学科小组为单位选定一本书来共读、研读，并将组内成员的读书感悟进行整理和汇总，通过教研会议等形式进行深入交流，实现相互学习与提升。(4)每人一文章。设计开展以“建党100周年”为主题，融合思政元素的课程教学，并将教育教学实践与思考记录下来，形成不少于1000字的教育文章。(5)每人一好字。每周展示一次古诗板书，周五上午以图片打卡的方式发到工作群进行展示。各学科共同体(含班主任共同体)进行的“X”项专题业务练习活动主题包括：(1)各学科共同体选题。语文组由师生共朗读、语文解题命题大练兵和梳理语文要素三个项目组成，数学组由数学例题讲解、数学解题、命题大练兵项目组成，英语组由魔音练习、英语做题技能项目组成，艺体组由体育技能小视频打卡展示、音乐范唱、教材思政元素思维导图梳理等项目组成，美综组由美术手绘技能训练、科学知识思维导图梳理、信息编程小视频打卡展示等项目组成。(2)班主任共同体选题。由班主任同读一本书、开展读书分享交流会和以社会主义核心价值观为主题的班会设计两个项目组成。通过在共同体中开展项目制学习，促进教师基本技能和专业素养的全面发展。在“N+X”项目教师业务大练兵活动的开展过程中，通过国内外先进理念的引领、有效策略的应用、顶层设计的规划、教师共同体的共进共享协作等，多举措、多层面地整体融合推进活动，逐步形成校本化教师专业发展建设的高效运行机制，实现教育教学“减负、提质、增效”的总目标。

“N+X”项目教师业务大练兵活动将教育教学各项任务进行综合呈现，各教研组同步开展各项任务，进一步引导教师专业发展持续、深入地落实、落地、落细，帮助全体教师踏实走好专业成长的每一步，努力建设一支具有核心竞争力的优质教师队伍。通过该活动，教师不仅有了展现自我的平台，而且有了不断提高自身业务素质和专业技能的机会，相信老师们能够更好地胜任教育教学工作，适应未来学校发展的需要。

以2020年4月“N+X”项目教师业务大练兵之“师徒结对”现场说课大赛为例。大赛在学校认定、教师自主结对的8位师傅，即奥龙小学“2020年度8位首席教师”的带领下，组建了8个说课共同体团队，经各级专家引领、学校领导推进和教师发展中心组织，在学校多功能厅教室展开了一场精彩生动、各美其美的现场说课展评。学校有幸邀请到了高新区教研室李继冶主任以及各学科教研员徐希红、高雅静、蔡立芹、卞春燕、王玉梅和特约嘉宾评委刘广彬，并由他们组建成此次大赛的专家评审团。全校8位师傅全程服务和观摩，32位青年教师参加说课展示。

说课按照抽签确定的次序进行。首先是语文、英语学科。真可谓“台上一分钟，台下十年功”，经过两个多星期的打磨，老师们尽情展现，各美其美。自然优美的教态，端庄的仪表，准确、生动、简练、富有感染力的语言，规范、美观的板书，一一呈现在专家和其他选手眼前。有的设计流程自然流畅、层次分明、重点突出；有的说课设计有创意、亮点纷呈，各环节步步紧扣，前呼后应，逻辑严密；有的理念定位精准，与时俱进，切实体现学生动口、动手、动脑，认真思考、积极发言、主动参与教学的全过程。

选手们的课例内容、设计理念各有不同，创新意识和创造思维别具一格，在选手们熟练的多媒体操作、饱含激情与活力的说课中不时碰撞，生成了一个又一个的亮点。选手们热情洋溢，台风专业有范儿，落落大方，自如地讲述着自己的教学理念，抒发着自己的教育情怀，独特的教学环节、巧妙的板书设计让说课环节精彩纷呈，为我们的教学提供了新思路和新方法，充分展现了奥龙教师积极向上的精神风貌和优秀素养，也给在场专家和老师留下了深刻的印象。

数学、艺体及综合组老师也带来了精彩纷呈的展示。有的老师语言表达轻松流畅，有的老师示范动作优美帅气，有的老师专业呈现生动巧妙……呈现出一个个充满活力和魅力的课堂，展现出不同学科教师的独特风采和教学风格。一句句沉着冷静的知识点分析，一段段慷慨激昂的演讲展示，博得台下评委和观摩老师的阵阵掌声。

评委们专注倾听、沉浸其中，时而点头赞赏，时而认真记录，时而凝神思考。李继冶主任在说课结束的专家点评环节，专门肯定了奥龙小学力抓专业发展的扎实做法和奥龙教师积极向上的钻研精神，并结合多节具体课例就说课的相关策略给出指导性意见和建议，让老师们茅塞顿开，受益匪浅。

音乐教研员高雅静老师结合此次说课，对奥龙教师的整体说课效果、有理有据的教材分析以及创意十足的教学方法给予了高度肯定与赞扬，对奥龙教师队伍的快速成长寄予了厚望，并结合相关课例内容、理念及创新点等进行了举例阐述和指导。

经过激烈的角逐及评委的现场打分，最终现场说课大赛共评出17个一等奖、15个二等奖，同时专家评委团深入挖掘每一位教师的优势和特长，评选出了本次大赛中的综合实力奖、最佳设计奖、最佳风采奖、最具潜能奖和最具创意奖。结合“徒弟们”的获奖数量，学校还评出了“优秀师傅”和“金牌师傅”。专家评审团为大家颁奖，现场掌声不断，老师们深受鼓舞，纷纷表示收获满满，要继续循着自己的发展路径和他人的榜样示范，再接再厉，继续前进！

学校教师在共同体研讨、说课大赛中都有了不同的成长和进步，在一次次研讨磨炼中得到了历练，各位师傅的无私引领和带动以及成员间的共同努力和相互启发是彼此最大的收获。大家都希望能够以此为契机，继续找到自我提升的下一个生长点，继续历练，始终心存希望，不断成长！

以奥龙小学英语学科共同体每人一课例展示活动为例。活动中由师傅张甜甜以及英语组四位教师组成的“奥龙精英，最美绽放”共同体是一个富有朝气、充满活力、致力于英语特色教学的共同体。共同体既有经验丰富、成绩显赫的指导力量，又有精神饱满、富有战斗力的中坚力量，还有年轻、富有冲击力的后备力量，这使英语学科共同体形成了平衡而有力的发展链条。秉承“To do the most, to be the best”（尽最大努力，做到最好）的宗旨，英语学科共同体力争通过共同体活动，在专业上有所成长，尽自己最大的努力，成为更好的自己！

英语学科共同体的老师们在教学中既注重团队合作，又重视个性发展。在“深度学习”课例研讨活动中，大家相互学习，交流教学感受和心得，使共同体在融洽的气氛中得到和谐发展。同时，在师傅的帮扶下，年轻老师茁壮成长，不断提升自己的教学特色，师傅毫无保留地传授经验，也增强了年轻老师的活力。老师们还积极思考与探讨，勤于总结和反思，将教学中的疑点和难点各个击破，保持优点，改进不足。经过一次又一次的研讨、磨课和反思总结，英语学科共同体的每位教师都在课堂上充分展现了自己扎实的教学能力，彰显了独特的教学风格。

展示课期间，由师傅张甜甜打样，首先进行了一节二年级“Dinner's ready”(晚饭准备好了)的课堂展示，随后共同体内其他成员也展示了自己的课堂特色。活动结束后，共同体的老师们从专业角度，逐一推敲教学导入、教学过程、练习设计、板书设计、课件制作及教学准备等各个环节，相互提出建议，共同探究教学对策。老师们认为，每次的备课、磨课都是一次历练，都能从这个过程中收获满满。在今后的英语教学研究中，共同体的老师们力求不断更新教育理念，创新教学模式，全面提高课堂教学水平。

当前，“N+X”项目教师业务大练兵已经成为学校教师业务学习常态。每学期初，教师发展中心提前调研设计，各共同体有序参与，正是这样一轮轮的练兵活动高效推进了学校各项工作的运行与发展。

学科工作也是共同体运行机制的基本模式之一，五大学科工作坊每周都会进行深度教研。五大学科工作坊即语文学科工作坊、数学学科工作坊、英综学科工作坊、艺体学科工作坊、班主任团队工作坊，每周固定半天时间进行集体教研和备课；针对特定教研主题和备课主题，成员之间积极讨论，在思维的碰撞中深入研讨，互相启发，拓宽课堂教学思路，促进学科专业知识的共建和共享。

以语文学科工作坊举行的听评课深度研讨活动为例，活动充分利用教师“每人一节优质课”磨课展评的机会，经过一个月的集中研磨以及“名师引领”“工作坊推进”“青蓝共同体带动”等多项举措，语文学科组刘彬、蔡春燕两位名师分别执教的“师傅示范课”和青年教师吉仁亭执教的“同课同构研究课”展评顺利完成。基于三节课例的“深度研讨”学科工作坊活动如期、高效举行。

三位教师均是结合学科活动中语文学科工作坊“深度学习”的单元主题项目进行的备课设计与实施。三节展示课精彩纷呈，亮点各异。为了更好地突出教研组集体碰撞的优势和智慧，实现“以研促教”，语文学科工作坊“坊主”邀请尹怡华校长参与其中。尹校长以身示范，亲自主持语文学科工作坊主题研讨活动，为各学科有效开展深度教研和持续高效推进教学进行“打样”。副校长张甜甜、全体语文教师和各学科工作坊主持人共同参与研讨活动。

在深度研讨活动中，语文学科的三位执教老师进行了简要说课汇报，随后尹校长带领全体坊员围绕三节课的“优点与亮点”“借鉴与避免”展开深度思考，全体坊员进行热烈讨论和智慧共享。老师们分组讨论、深度思考后开展头脑风暴，每一位教师都主动参与，踊跃发言。大家各抒己见，围绕如何构建高效课堂、如何渗透新课程思想、如何指导朗读、如何落实生本教学等充分发表各自观点与看法。各小组汇总整理，将闪光点和借鉴点以思维导图的形式呈现出来。无论是三位授课老师，还是参与研讨的老师都纷纷表示受益颇多。通过评课议课研讨，集体智慧得以分享。其间，尹校长及时凝练关键词，梳理大家的智慧火花，强调高效课堂教学的关键要素，所有教师产生共鸣，达成共识。

最后，尹校长就深度教研的形式和效果进行总结，要求并鼓励所有教师，在积极探索深度教学、高效落实的同时，也要注重日常深度研讨和智慧交流。语文学科工作坊定期开展深度教学研讨活动有利于切实发挥好每次工作坊活动“有思考、有碰撞、有共鸣、有成长”的研讨功效，能够为学校课堂教学质量的高效落地做好扎实充分的准备，以此促进全体教师专业化水平的快速高效提升。这些理念与实践应用不仅能够对教师发展共同体、学生学习成长共同体、师徒共同体、家校共同体等层面的探索与应用起到很好的引领作用，而且能够有效地促进学校全面育人目标的高效落地。

之后，数学、英综、艺体等学科工作坊也效仿语文学科工作坊的研讨模式，在各自学科工作坊中聚焦相关主题展开了深入思考与热烈讨论，每一次的智慧碰撞都能为老师们点亮一盏心灯，为其专业发展之路指明方向。

以数学学科工作坊举行的“教学小妙招分享”活动为例，在“坊主”的带领下，老师们分享了自己在日常教学活动中的有效妙招，彼此借鉴经验，共同成长。

马鑫老师分享了自己在教学中注重培养“让学生说数学”的小妙招。她认为“说”本身就是思维的进一步加工，“说数学”就是训练学生的思维。李娇老师分享了“对于错题改正的巧方法”，她认为在进行错题改正时，让学生在错题旁边写分析，梳理自己当时做错的原因是计算错误还是思路错误等，能帮助学生理清错题原因，提高解题实效。田泉老师重点分享了“怎样提升数学学习中的计算能力”，他建议老师利用上课前五分钟和学生一起计时完成口算题并进行计算专项打卡。尤其是在期末复习阶段，每天针对计算出错的学生推出“十分钟计算专项打卡”，让学生在家完成题目并自主检查后拍照发给老师批改，通过家校共育提高学生的计算能力。郭艳妮老师认为课堂评价与教学过程同等重要，精妙的课堂评价如和风细雨，能使课堂生机勃勃，让学生融会贯通。如果说一堂成功的课是一曲动人的交响乐，那么课堂评价无疑是这首乐曲中一个个震撼心灵的音符。恰当的课堂评价能唤醒学生学习的自主性，活跃课堂气氛，点燃学生学习的热情，从而促进学生主动学习。

在学科工作坊主题研讨活动的引导下，每一位参与的老师都能有所收获，取长补短，从而更有效地指导自己的教学，提高自身业务水平。

在教师学科工作坊中，教师个体在知识结构、智慧水平、思维方式等方面存在一定的差异，正是学科工作坊提供了多样化的互动机会，利用“差异”资源，实现了成员之间相互学习。学科工作坊作为一种高度互动、深入交流的教师组织实体，其成员可以通过多种渠道和互动方式分享各自的想法、观点和信念，为教师参与知识学习提供机会和环境氛围，使他们能够在互动的伙伴关系中，找到支持和引导，丰富自己的专业知识体系。

除此之外，学校还有独特的同伴互助式自主成长“第三空间”，即每名教师每周都可以自主选定一个或两个小时，用于思考、放空、反思。在确保自身安全和不影响正常工作的前提下，教师可以选择自己喜欢的方式和地点，锻炼身体、排解压力。国家卫健委曾发表文章，建议每天发呆五分钟，其中提及：现代都市人生活节奏快、压力大、加班多，“发呆”不仅不是件坏事，反而可以帮助缓解压力、调节情绪，是最简单最有效的减压方式。这一观点，恰恰验证了“第三空间”存在的价值和重要意义。

为了兼顾教育教学工作和“第三空间”，教师可以通过“同伴互助”的方式来助力。在奥龙小学，每一名教师都可以自主选定自己最信得过的同事进行结对。同伴之间，无论是在工作、生活中还是在思想、业务上，都可以相互支持和帮助，相互表扬和批评，相互促进和提升。在“第三空间”的时间段，老师们可以相互协调，帮助同伴处理一些紧急工作，让同伴可以更安心地享受自己的个人空间。

通过“第三空间”，每个人可以更好地反思、更科学地规划工作，让工作更自主、更高效，同事关系更和谐，工作生活更加丰富多彩，职业幸福感也更深刻。同时，“第三空间”也是我们落实各级教育部门倡导的“减负、提质、增效”工作总目标的独特举措。

利用同伴互助，教学研究中心重新设计了老师们的听课记录本，改成了

“课堂观察记录表”。通过小伙伴们之间的相互邀请、相互观察来及时反馈和指导教学实践，实现老师们各自专业技能的发展与提升。

实践证明，课堂观察是一种以促进教师课堂教学技能提升为目的的同伴互助式成长方式，每一次课堂观察的聚焦点最多三个。课堂观察营造了老师们合作共赢的主动成长氛围。教师主动邀请小伙伴去观察自己的课堂，主动向同伴开放自己的教学，希望通过“被观察”得到聚焦式的提升，这种主动式成长有效、可行、有针对性、有指导性，点点滴滴进步的积累促成教师专业素养的全面提升。通过这种主动、民主、平等的观察与被观察，教师在心理与行为上也都悄悄地发生了一些变化，变得更开放、更友好、更善于合作。这种变化深深地感染着每一个小伙伴，真正促进了奥龙团队的共同提升。

三、成长评价机制——成长阶梯、优势推进

教师共同体的组建生成和高效推进离不开教育评价的激励与促进。近年来，学校逐渐规划、构建起以“1234 梦想阶梯”为运行机制的教育评价机制，结合该评价机制有序推进教师评价。

学校的“1234 梦想阶梯”运行机制，与中共中央、国务院印发的《深化新时代教育评价改革总体方案》中所倡导的“增值性评价”等相关理念和界定是一致的。

学校在教育评价过程中，无论是对学生的成长性评价还是对教师的发展性评价，都始终坚持“心中有希望，人人有力量”的评价理念和目标，并初步确立了以学校“1234 梦想阶梯”为主的增值性评价运行机制，这对于教师业务素养的持续提升等起到了很好的引领和促进作用。

具体来讲，学校“1234 梦想阶梯”评价运行机制由“1 个中心、2 个维度、3 个体系、4 个结合”构建组成。其中，“1 个中心”即以促进教师专业成长为中心，以评促长，始终坚持以激励、促进每一位教师“心存梦想，聚力成长”为原则目标进行设计和实施，以促进所有教师的不断成长和前行。“2 个维度”主要是指教师评价关注的两大重点内容，即业务学习和梯队建设。评价既要关注教师个人的业务发展需要，突出激励与调控功能，激发教师内在发展动力，促进其不断进步，实现自身价值，同时又要关注教师团队的共建共成长，实现集体带动个体、个体成就集体。无论是评价指标、方法、运行机制还

是对结果的使用等，都要顾及这两大维度的成效。例如，在每一轮业务大练兵过程中对师傅的考核评定，不仅要关注师傅本人的各项指标，还要把师傅所带领徒弟的达标、获奖情况纳入对师傅的考核中，既促进个体也关注全体，旨在促进教师共同体所有成员的不断提升与发展。“3 个体系”主要是指在教育评价实施过程中的三大核心运行体系，即动态共同体体系、学习项目制体系、持续引领式运行体系。基于三大体系的运行评价结果及对结果的运用是每学期教师成长性评价的重点关注指标。“4 个结合”主要是指在评价执行过程中必须遵循的四大基本原则，即过程性与结果性相结合、诊断性与激励性相结合、全面性与个性化相结合、个体性与集体性相结合。

教师的成长性评价同样具有动态性，如“N＋X”教师业务大练兵的项目内容就是动态性的。上学期开展教师说课的业务练习，下学期就会设计教师课堂展示的业务练习，每次的教师评价会根据具体业务内容来制定评价要求和标准。

总之，该评价机制的运行实施始终坚持四个“一定”：一定是为了促进每一位教师的成长和发展；一定是为了服务学校“全面培育人，培育全面发展的人”的总目标；一定是为了让每一位奥龙教师一直“心中有希望，人人有力量”；一定是为了人人都可以向着自己一生的远大梦想而持续前进、不懈努力！

四、持续创新机制——N＋X 设计、团队个体共赢

该建设机制中的“持续创新”元素之一就是每学期“N＋X”项目的科学性、创新性内容和形式设计。其中“N”项目主要是指面向全体教师进行的 N 个通识项目内容，“X”项目主要是指面向各学科共同体(含班主任共同体)进行的各分项内容，即各学科共同体(含班主任共同体)针对不同专业素养的若干项业务练兵。通过“N＋X”项目，推进教师各层面学习共同体的持续构建与运行，持续提升全体教师的教育教学基本功、综合教研技能和团队协作水平，持续打造各级教师梯队，提升教师整体的专业化水准。

同时，结合学校教师队伍现状，教师发展中心经过充分的调研、商讨、设计确定的以“种子教师—新秀教师—骨干教师—首席教师—领军教师”命名的校本化教师梯队建设机制，是学校进行教师团队建设、促进团队和个体共同提升的重要创新机制。走进学校的每一位教师都是一粒充满希望的种

子，通过不断成长、持续创新，他们会逐渐成为团队中的新秀教师，进而发展为各学科团队的业务骨干，再继续成长为专业研究中具有引领性的首席教师，最终发展成在不同领域具有一定影响力的领军教师甚至更高级别的各类名师。

学校教师梯队建设有着独具特色的内容和评价标准。其一级指标和二级指标大致相同，但在具体的评价标准上略有不同。比如，在团队建设方面，首席教师要主动承担团队建设任务，带领青年教师开拓创新；骨干教师要积极带动团队业务成长，主动承担团队建设任务。在理论通识方面，种子教师要掌握基本教育教学理论和先进理念，新秀教师在此基础上要做到灵活运用，骨干教师要做到融会贯通、整合运用，首席教师的标准就更高了，要在校内外具有一定的知名度和影响力。教师梯队建设的标准循序渐进、层层递进，保障了团队建设过程的科学有序。

“COAI 一体化”机制的有效推进，不仅满足了学校整体打造师资队伍和各梯队教师专业发展的需要，而且对于学生发展、家校共育和教育教学质量的内涵建设与提升，都起到了十分重要的促进作用，助推了学校育人方式的改革与创新、学校特色品牌的创建以及办学创新活力的激发。而且，该机制具有很高的可行性、可推广性，不仅得到了多所友好共建学校的推广应用，而且得到了省、市、区各级论坛会议、媒体网站等的宣传与推介。

第二节　“教学”过程，促师生相长

“和合共进”思想和理念充满哲理。不同事物、不同观点的相互补充是新事物生成的必要条件。“和”“合”互通，更能促进不同事物相辅相成、协调统一、和谐共进，这个理念在教学相长的过程中亦有充分体现。

“教学相长”绝不是空话。奥龙教师们与同伴一起，研究教学、观察课堂；与学生一起，研究学生、观察学生，得到了更多智慧与启迪。这是一种姿态，更是来自自我发展与学生成长的力量。无论是共同体成员之间，抑或是课堂师生之间，都是平等、和谐、融洽的关系，如活动中的智慧共享、师徒结对中的相互帮扶、教学中将学生置于主体地位的组织实施、备课中以学生为中心的有效设计等，都是有效建构教学相长的前提与保障。

一、构建和润教育活力课堂

学校为教师实现专业发展提供了重要路径，充分发挥“师傅领路”“共同体共建共进”的作用，把推进全体教师的专业成长发展落在实处，其中学校“青蓝结对共同体”和同伴间互助式的“课堂观察”效果明显。这些举措使全体教师专业能力得到了共同提高与发展，实现了对引领青年教师专业发展模式的有益探索。

在学校校本教研共同体实践过程中，以各个“教研共同体”和“学科工作坊”为基本运行和研讨单位，全员教师深耕课堂，积极探索师生之间互相推动、互相促进的课堂。为了呈现多元互动、多维共生，丰富而有序的教学相长生态，学校着力构建“KPC高效课堂”，在教学相辅相成、师生彼此促进、人人得以发展的课堂行为中，依次推进高效课堂建设，促进课堂教学改革创新，引领青年教师快速成长，提升课堂教学效益。

尹怡华校长据此提出构建“KPC高效课堂”的设想和规划，即构建基于关键问题解决和学习共同体建设的高效课堂。其中，“KP”是“关键问题”的英文单词“key problem”的首字母，“C”是“学习共同体”的英文单词“community”的首字母。“KPC”涵盖两个关键词：“关键问题”与“学习共同体”。结合课程的重点难点，设计1～2个具有一定思维挑战性、合作探究性和素养建构性的问题，进行集体研讨、科学设计，形成层层递进的问题链，可与思维导图、任务单、预习单等学习支架相结合。该模式的基本建构原则是以学定教、动态生成、和合共进、问题驱动。

奥龙小学“KPC高效课堂”立足学生“主动学习”，以“最近发展区”和“脚手架”理论为基础，建构生成高效课堂的实践应用。“KPC高效课堂”既适合各独立学科、跨学科、系列项目的课堂教学，也适用新授课、复习课、练习课、综合课等各种课型的设计与实施，是实现师生知行共进、互动同构的受益空间。通过创造学习情境，实现课程融合，在学习活动中，师生一体探究、体验、发展，促进师生相长。

得益于“教师共同体”发展的影响，在“KPC高效课堂”建设过程中，学校还积极建设学生“学习共同体”，并在学校省级课题的带动引领下，把教师专业发展共同体的一些优秀举措和先进经验应用到学生的学习过程中，运用到建设高效课堂中。

（一）“N+X”项目助推“KPC高效课堂”建设

以“N+X”业务大练兵活动中的教研项目设计为运行载体，结合名师项目、师徒共同体、学科工作坊、同伴互助等机制在课堂建设过程中的持续应用，保障“KPC高效课堂”建设，即依托校本教研教师发展共同体的团体建设来构建“KPC高效课堂”，通过共同体单位运行、共同研磨推进来保障“KPC高效课堂”建设。

在“青蓝结对”活动中，师傅们按照“青蓝工程”中对青年教师的培养目标要求，指导青年教师制订自我发展规划；帮助其分析自身素质和专业特长，确定发展方向；制订措施，明确具体发展途径；掌握学校教育教学情况、学生心理发展特点和班级管理规律，充分利用现有教学条件，借鉴他人，成就自己。在师傅的指导下，青年教师的课堂调控、应急事件处理、教学语言、教态等方面在短时间内得到了规范和提升。新老教师在日常的教育教学工作中经常进行观念碰撞、实践切磋，形成良性竞争的内驱力，并转化为教师的行为。教学工作中真正实现以老带新，以新促老，相互探讨，相互切磋，形成“比、学、赶、帮、超”的教师共同成长氛围。

（二）灵活应用教师共同体运行机制

学校着力打造适合学生学习共同体建设的师徒共同体运行模式。学校“KPC高效课堂”是基于关键问题解决和学生学习共同体建设的高效课堂模式，立足学生“主动学习”建构生成的高效课堂实践应用。其中，“师徒共同体”同样适用于学生“学习共同体”建设，比如在语文KPC高效课堂中，教师和学生一起商议，根据学习兴趣，按照同质分组或异质分组形式组建好学习共同体，每个学习共同体都有一个主持人，而且可以根据学科不同、特长优势各异随时轮换主持人。每个主持人会在老师下达学习任务后带领本组成员分工学习。在小组讨论中，主持人带领成员们认真学习，课后协助老师对本组没学透知识点的同学进行点拨辅导。在学习共同体中，主持人学习情绪高涨，以榜样示范和高标准严格要求自己，发挥“传、帮、结、带”的作用，促进学生学习共同体成员之间交互性的成长与提升。

（三）打造学习共同体同伴互助运行模式

教师共同体中的同伴互助也同样适用于学生学习共同体建设。这里重点聚焦“课堂观察”。比如，在教师共同体中，老师们主动邀请同伴对自己的课堂教学进行“聚焦式”观察，每次聚焦点不要超过三个，同伴相互观察、相互鼓励、互提建议，帮助彼此实现点滴成长与提升。学生学习共同体也可以实现自主结对，同伴互助。学校英语 KPC 高效课堂就采用了这种自主结对的同伴互助模式，在语言训练过程中成员之间互相提醒，互相帮助，互相鼓励，学生们在心理与行为上也都在悄悄发生变化，变得更开朗、更友好、更善于合作。这种变化深深地感染着每一个小伙伴，也调动了学生主动学习的积极性，提升了学习共同体的凝聚力。

学生在自主结对、同伴互助的学习共同体中合作探究、相互协作，提升了课堂的实效性，促进了学生合作素养的生成。接下来，学校会更多地积累一些相关经验以探索可以延续教师共同体运行机制的可行举措，同时结合学生的实际梳理出适合学生的方式方法，并在具体应用中深化课堂教学改革的创新路径。

（四）探究学生学习共同体的评价模式

共同体的组建生成和高效推进离不开评价机制的推进与实施。学生学习共同体的评价模式主要结合“红领巾奖章”评价激励办法，重在促进学生自主探究和创新意识等核心素养的生成，从而使学生形成积极的情感体验，品尝到探究的乐趣和成功的喜悦。总之，通过这种过程性、成长性的增值发展评价，每一名奥龙学子都有机会成长为更好的自己，每一名奥龙学子都会谨记尹校长的殷殷嘱托——“爱学习，向未来”。

二、青年教师专业发展实践成效

课堂是学校教育教学的核心舞台，“KPC 高效课堂”教学模式是“基于关键问题解决和共同体建设的高效课堂”的探索与实践。各学科工作坊、各共同体积极开展深度研讨活动，不仅能促进课堂教学的改革创新，还能促进自身专业素养的提升，为学生素养的培育与全面发展提供更有利的教育环境。

（一）课堂观察促使教师个人进一步反思成长

教师的专业成长得益于课堂观察的有效实施和同伴间互助式的聚焦落地，由此，老师对教学方法、教育理念也理解得越来越深刻，并能更好地把握课堂，与学生沟通交流也更高效。

上课期间，共同体的老师们走入课堂，观察学生如何学习、会不会学习以及学得怎样，这在一定程度上改善了学生的学习行为。他们还观察课堂中的其他行为或事件，如教师教学、课堂文化等，通过教师行为的改进、课程资源的利用或课堂文化的创设，直接或间接地影响学生的学习。

不仅如此，通过课堂观察，授课教师可以借助团队的力量在实践性知识、反省能力等方面获得新的发展，进而提高整体教学质量。因此，课堂观察真正实现了教学相长。

（二）KPC高效课堂的具体运用

1.“如切如磋，如琢如磨”

在共同体的帮助下，教师多实践多反思，在成长的关键节点上多花功夫。

期末复习阶段，语文低年级组邵雪花老师接到了上公开课的任务。共同体的老师们迅速开展研讨，初步捋出了教学设计思路，但很快就又遇到了困难：“KPC高效课堂”中的关键问题如何深入挖掘并高效落地？学生学习共同体如何在学习活动中实现自主探究？难题令她们愁眉不展。关注教研进度的尹怡华校长再一次组织高中低段骨干语文教师群策群力，从不同角度进行教研探析。

语文学科工作坊的坊主姜健老师帮助老师们进行具体且合理明确的分工：苏老师、焦雅卓老师查找典型的字，姜健老师、蔡春燕老师设计拓展运用题，吴菲老师、刘彬老师和邵雪花老师一起碰撞教学思路。就这样，一连好几天大家白天忙教学，晚上一起加班研讨，修改思路。在大家的帮助下，初稿形成了。其可谓高度凝聚了语文老师们的智慧与汗水。执教邵雪花老师在这道难题上花足了功夫，所有闲暇时间都用来钻研教材教案，并持续掌握学生学习熟记生字的学情，初步确立了这堂复习课的学习目标。

2.深入探析如何巧妙设计一节识字复习课

语文组老师们认真研讨后，在课程教学设计里确定了两个关键问题：一是如何借助识字方法对一、二单元易错字进行归类，二是如何运用识字方法使学生自主熟记三、四单元易错字。为了解决这两个关键问题，老师们通过创设情境，让学生加深对生字的理解。同时，科学创建学生学习共同体，通过同质分组和异质分组，引导学生归纳出六种识字方法，再设计一系列问题让学生自主探究完成，并由学生共同体合作交流学习、汇报。这节课旨在鼓励学生自读自悟、合作探究，倡导自主、合作探究的学习方式，充分发挥学生在教学中的主动性和创造性。

3.课堂观察引反思，同伴互助促成长

充分地备课之后，执教邵雪花老师开始了第一遍试讲，语文共同体的老师们在课堂上展开了认真观察与详细分析。一堂课下来，老师讲得多，学生反馈得少，并未充分发挥学生的主动性，第一次试讲不理想。刘彬老师根据自己在课堂中独到的观察，对教学设计提出了问题，如复习课上究竟出示多少字合适，以单元为单位还是以类别为单位，学生如何自主开展小组合作学习等，老师们对问题展开了进一步探讨。

这就是课堂观察的益处，同伴的观察可以有效启发、帮助讲课老师的深入反思。随着探讨的深入和共同体内老师们的不断启发，邵雪花老师发现，对教材的挖掘还要进一步深入，除了之前归纳的那几种识记方法，每一个生字还会出现其他多种识记方法；此外，如何让学生在短时间内捋清学习思路等问题又难住了大家。尹怡华校长对学生学习共同体提出真知灼见："可以采用同质分组、异质分组的形式，分组后每个学习共同体选出一个主持人引领大家分工、合作、探究。"这样一来，学生便不再只依赖老师的指令，而是根据自己的兴趣点在主持人的带领下学习探讨。刘彬老师又针对关键问题重新设计了一个个小问题，环环相扣，引领学生。与此同时，在吴菲老师的帮助下，老师们重新分析了每一个生字分别使用哪类熟记方法合适。

又经过了整整两天的研究与打磨，老师们对教学设计改了一版又一版，反复斟酌每一句过渡语，还准备了满满一筐子的字卡道具，就等着周一的试讲实践。这一次学生们顺畅地理解了每个指令，异质分组后每个学习共同体都活跃起来，学生们开始有自己的发现。发现了熟记生字方法的学生们兴奋地把字卡贴到相应位置，小组汇报交流时侃侃而谈，平时发言少的学生也活跃起来，急着跟大家分享他的发现。一堂课下来，老师不再是课堂的中心。这节课得到了参与观察课堂的语文老师们的肯定。

在这样一堂和谐主动的语文复习课中，学生们可以热烈地讨论，这满足了学生个性化的发展需求，充分调动了学生的好奇心、表现欲，让学生在学习共同体中自主探究、合作竞争、大胆尝试、获得成就。学生的思维在老师的引领下得到训练和激发，萌发出的创新意识、创新行为令人欣喜。

三、"四助"高效教学模式探究

"科技是手段，人文是归宿"，这是奥龙小学在融合信息技术进行教学模式创新中始终坚持的理念和举措。学校重点围绕信息技术与课程教学高效整合融合、现代科技管理运行、校园绿色生态创建、教育教学方式创新等方面潜心研究和探索创新，尤其是在信息技术“助教、助学、助评、助管”四大方面，师生之间充分体现互动性和互惠性。在“四助”高效教学模式中，师生之间、生生之间相互影响、相互补充，并不断取得新的成效与突破。

（一）“四助”高效教学模式

学校围绕信息技术与教育教学深度融合，重点研究和探索技术助力的“四助”高效教学模式，即“技术助力教师教，技术助力学生学，技术助力教育评价，技术助力教育管理”。

1.“助教”，即通过信息技术应用助力教师教学

通过信息技术应用助力教师教学，即“助教”。“助教”主要涵盖教师课前备课、课中上课、课后作业等各环节的应用，重在提升教师教学的便捷性和高效性。在近两年的时间里，“希沃”白板和教学展台已经成为每位教师上课的标配，可方便快捷地帮助师生完成知识传递；“教学助手”和“班级优化大师”两个小小的教学应用软件，帮助学生随时记录学习成长过程中的点点滴滴，激发学生学习兴趣，提升学习成就感；在教育云平台上，云盘、空间、备授课、家校帮等诸多功能一应俱全，备课、授课、评价、宣传一站全齐，对我们的课程实施和项目引领都起到了极大的促进作用。2016 年起，学校引入“UVC 远程互动”设备，让学校和区里的兄弟学校实现了跨校共研，促进了学校间远程教研互动交流。它可以即点即连，方便快捷地实现实时视频会议和远程教研，是开展双向专题教研、实现优势互补的秘密武器。学校也多次利用技术优势，开展全校同步课堂教学、远程互动教学等实践，得到了大家的认可与欢迎。2019 年，学校配备完成“移动录播系统”的采购与搭建，全面实现了学校的远程同步直播、移动录播功能，全校同上一节课、远程同步教研更加方便、快捷。尤其是在新冠肺炎疫情时期，学校借助腾讯会议、钉钉课堂等信息化平台高效开展远程同步教研、集体备课、线上直播教学。线上教学期间各类 App 和信息化平台的高效应用，有效助力了教师教学的及时性、互动性和高效性，同时充分满足了学生的个性化学习需求，推进了课程多样化，提高了课堂教学效果。

2.“助学”，即通过信息技术应用助力学生学习

通过信息技术助力学生学习，即“助学”。“助学”主要涵盖混合式、互动

式、翻转式、直播式4个方面的应用，帮助学生进行重难点突破、个性学习、即时交互、远程直播，促进学生学习发展的积极性和高效性。基于前期信息化建设的优势，学校开展了诸多运用信息技术助力学生学习的探索，比如，学校将教育资源公共平台应用列入学校日常科目，并不断挖掘平台功能，完善应用效果。各学科教师将假期课程的相关资源和素材通过云平台向学生推送，学生既可随时随地登录个人云空间查看并完成作业，也可以查看其他同学的作业，还可以得到老师的指导，高效精准，师生相互促进，互动高效。以微视频应用为例，教师将教学重点、难点、考点、疑点等精彩片段录制成微视频，时长5～8分钟。微视频短小精悍，用较短的时间准确地体现整节课最核心的知识点，构成一个内容丰富、重点突出的互动课堂。学生可以反复学习，较好地满足师生的个性化教学和个性化学习需求。新冠疫情期间，信息技术“助学”的功能更加凸显。“空中课堂”视频资源、融合学校教师直播教学的双师模式、倡导技术融合的自主学习方式，是应对新冠疫情的有效举措。此外，学生通过人人通平台提交作业，老师可以实时反馈批改结果，学生及时改错并进一步学习，大大提高了学习效率。

3.“助评”，即通过信息技术应用助力教育评价

通过信息技术助力教育教学评价，即“助评”。“助评”主要涵盖课堂评价、家校评价、同伴评价等多元评价应用与融合，能够提高教育评价的精准性。结合前期信息化建设的实践过程，教师们利用“班级优化大师”开展信息技术助力教学评价。班主任和任课教师通过技术手段，对孩子们的课堂表现及早读、值日、大课间活动等进行评价，有时还把评价交给值日班长去做。同时，老师还会安排各小组组长进行组内和组间的同伴督促与评价。一周一小结，表扬排名靠前和进步的学生；一月一总结，及时将评价结果发布到家长群，分享给家长，让家长及时了解孩子的在校表现，家校共育，共促成长。同时，以上信息化评价手段还与学校“和润奖章”争章活动结合起来，按照排名进行表彰和奖励。一周清零一次，激发暂时排名靠后学生的积极性，让每个人都有盼头。对靠前的学习小组进行表彰奖励，激励各小组之间相互学习。期末，有了数据支持，对孩子们的评价也跃然纸上了。新冠疫情期间，学校各班增加了许多新的评价手段，如利用QQ群和钉钉进行学生课堂练习情况的统计反馈和优秀作业的发布。学生对于这种过程性的记录和管理心服口服，自律意识得到了增强。孩子们的状态好了很多，家长对孩子

的学习情况也清楚了很多。

4."助管",即通过信息技术应用助力教育管理

通过信息技术应用助力教育管理,即"助管"。"助管"主要助力学生个体管理、学生团队管理以及教师教研管理等方面,重在提高教师教学、学生管理、班级管理的科学性。以二维码技术应用为例,二维码技术在助力学校管理方面的应用也比较成熟。在奥龙小学,"码墙""码册""码板"已经成为一道亮丽的风景,学校所有教师、高年级学生都可以随手制作小巧精妙、功能强大的二维码。二维码虽小,承载的信息量却大,这对于实现学校教育教学管理工作的高效以及绿色生态环保等方面都大有裨益。又如,为了激发学生学习热情,加强班级管理,班主任使用"班级优化大师",从学生的作业、课堂发言、劳动、集体活动等各方面记录学生的日常行为,家长通过手机软件就可以随时查看孩子的表现,了解孩子的近况,及时高效。很多家长也养成了每天查看孩子表现的习惯,对良好班风的形成有很大的辅助作用,为我们的课堂管理和班级管理提供了新的思路。再如,班主任和家长之间通过微信、QQ、钉钉、人人通等方式取得联系,建立家长群,及时向家长反映学生在校情况,请家长协助班主任管理,大大提高了班级管理效率。学校语文组长于2015年在荔枝电台申请了账号,开始录制有关读书、家庭教育的音频,不定时发到班级家长群共享。而且,在每个班级的整本书阅读分享会上,班主任都会邀请家长来现场倾听,也会通过线上直播的方式让家长们观摩师生如何开展阅读、如何平等交流,更好地推动了更多家庭营造良好的读书氛围、促进家庭和谐发展,也为良好的班级管理提供了有力保障。

基于信息技术与教育教学深度融合的实践,学校积极探索技术"助教、助学、助评、助管"的有效路径和典型举措,最终生成具有较高价值、可以在一定范围内推广应用的教学模式和经验做法。同时,有效提升了教师技术实践应用能力,打造了一批名师、名课、名项目,为学校全面发展和内涵创建,为最终实现创办"有活力、有信仰、高品质的现代学校"办学总目标而助力增彩。

(二)促师生相长实践

随着信息化建设的持续加强,"四助"高效教学模式有力助推了学校各项工作的全面开展,提升了学校现代化建设水平。

1.持续带动教师发展

一节高质量的课堂必须经历教材的研究，活动的设计，教学素材的寻找、筛选、加工、提升、反思等诸多过程。通过对教学模式的深入思考与探究，教师不断整理、归纳总结、深入反思专业知识，加深对课堂构建的理解，在实践中有所收获。

以电子书包应用教学项目为例，自2014年1月起，作为济南市首家“电子书包应用”实践单位，学校启动该项目，并积极探索各学科教学与电子书包深度融合的教学实践。2017年，基于此项目的深入运行，学校申报了济南市“十三五”教育科学规划重点课题“电子书包教学环境下的小学学科微视频资源整体开发与应用研究”，全体教师参与学科微视频资源的设计与开发，并尝试探索将学科微视频全面应用于教育教学实践，带动师生信息技术应用水平的提高。该项目梳理出了一种适合电子书包教学的课堂教学模式，形成了电子书包环境下教育教学应用相关经验，总结出了微视频设计、制作及应用的方式方法，得到了社会多方的关注、认可和赞誉。与此同时，通过课题项目带动，教师专业能力得以提升，并有效地应用在课堂模式中，学生学习兴趣明显提升，信息素养不断增强。该项目已于2020年上半年顺利结题。2021年5月，该课题研究报告《电子书包教学环境下的小学学科微视频资源整体开发与应用研究》荣获济南市教育科学研究优秀成果二等奖。

2020年上半年疫情期间，为确保“停课不停学，停课不降质量”，学校鼓励教师借助信息化和微视频，高效实现线上教学教研并做好线上线下教学衔接。两个多月的线上教学时间里，全校教师依据学情及教学计划，开展了各具特色的线上教学，并根据学生、家长对学习效果的评价反馈不断改进，形成了线上教学1.0版—2.0版—3.0版的更迭完善，实现了从最初的“音视频学习、个性化答疑”到“学科主题带动”和“双线制关怀”的转变。在老师的不断努力下，学生逐步适应线上学习规范与进度，线上学习效果得到提升。随着学生的返校复课，为做好线上线下教学的有效衔接，学校对家长进行了学生居家学习情况的线上访谈及问卷调查，结合调研结果有针对性地提出线上线下教学衔接计划，助力学校教育教学目标的高效达成。疫情期间，学校各位教师充分发挥“信息技术＋教育素养”，积极参与微课资源的设计与录制，共有36位任课教师的100多节优质课例分别被济南市空中课堂、济南市教育局泉家共成长、济南日报爱上网课选用。在“一师一优课”评选活动中，多位教师的课例被评为省级优课、市级优课。多位教师融合信息技术的教学案例、教学反思、论文等在省市级刊物发表。

同时，在市级立项的“十三五”课题研究过程中，老师们积极开展创新实践，在电子书包辅助教与学、微视频应用、典型优秀案例等方面成效显著。在各种教学比赛、微视频大赛、论文评比中，老师们大胆尝试，积极撰写范文、制作视频，均取得了非常好的效果，20余位老师以应用电子书包授课方式为切入点参与教学设计、教学比赛等并荣获全国及省市区各级比赛一、二等奖。

自建校以来，学校积极承担各级各类课题立项任务和课改项目，由此带动了教师科研意识和科研素养能力的提升。近几年，学校承担了山东省教育厅课改立项项目、济南市教育局“泉家共成长”、济南市“百所家长学校示范校”创建项目、省规划办“十三五”、市区规划办“十三五”规划批准立项课题等市级及以上课题、项目十余项，仅2020年和2021年就有两项省市级规划课题顺利结题，成效显著。前期承担和参与课题、项目研究的过程，提升了全校教师的研究能力和科研意识，带动了一大批科研骨干教师成长，为示范校的申报和后续项目实施做好了实践创新准备。

2.引领指导学生成长

在前期实践过程中，学校及时梳理、总结了大量信息技术融合新型教学模式的经验做法和典型举措，比如微视频技术的开发与应用、云平台技术助力课堂教学深度融合、信息化助力学校绿色创建、“希沃”平台技术助力高效课堂实施等，这些都取得了很好的应用效果，为后续推进本项目研究和示范校创建奠定了扎实的基础。

在日常的教育教学工作中，老师们不仅在课堂中对常用的信息技术平台和软件进行创新性应用，而且还通过“请进来、走出去”的培训以及自主学习，研究荔枝电台、喜马拉雅、腾讯课堂、喀秋莎录课、快剪辑、问卷星等平台和软件在教育教学中应用的有效方法，均为教学模式、研究目标的重点突破提供了丰富、高效的可用资源和技术准备。更重要的是，在“四助”教学模式下，学生成为学习的主人，主动的、自主的、合作探究的学习模式让学生转变了学习方式，变被动学习为主动学习，更好地推动了学生个性学习、自主检测、主动交流，将合作探索贯穿于学习的全过程，也愈发提高了学生的学习兴趣。学生主动学习知识的能力、语言表达能力和信息素养都得到了有效提升，真正实现了学生的全面、主动发展。

在学校成功承办的全市信息化试点现场经验推介交流会上，数学教师甄老师讲述了自己在信息化教学中从模糊认识阶段到实用阶段再到理性理解阶段的实践历程，阐述了自己对技术应用于教学、评价、管理等方面的真切感悟和体会，从中可以真切地感受到甄老师的用心和收获。语文组的老师们分享了信息技术在课上、课外、各种学科活动中的高效应用和成效，以及假期课程学习、科技改变学习方式、师生信息素养和综合素质提升的历程。老师和学生通过演讲、对话交流、情景展示等形式进行了精彩演绎和表达，得到了参会领导、老师的高度认可和赞扬。

“和合共进，润心育人”是学校的办学理念，该理念在信息化建设中也得到了充分体现。以学校的“N＋X”业务大练兵活动为例，每学年初学校都会结合学期重点工作和教师们的成长需求进行摸底调研，会同教学处一起精准设计本学年的业务练兵项目和内容。教师们在以共同体为单位进行打卡练兵的过程中，将范读音频、配音视频、读书感悟、教学设计、命题等资源上传至群文件，形成丰富的资源库。这既可以提升教师自身的业务素养，又可以积累相应的资源，充分落实共建共享的理念。学校“1234 梦想阶梯”运行机制对教师进行的发展性评价不仅关注教师个人的专业发展，而且关注教师团队的整体提升，体现出了共建共享的理念。同时，教育体制机制改革后，高新区对学校和教师也进行捆绑性评价，这是共建共享和优化机制的良好体现。

学校旨在通过信息技术的创新性实践，积极构建融合信息技术的新型教与学课堂模式；通过“KPC 高效课堂”教学模式的构建，实现学校教育教学“减负、提质、增效”目标；通过信息技术助力各项工作的高效落实，实现学校高质量发展的目标。

第三节　“123N”机制，促家校合育

著名教育家苏霍姆林斯基曾经说过，没有家庭教育的学校教育和没有学校教育的家庭教育，都不可能完成培养人这一极其细致而复杂的工作。这句话很好地阐述了家庭教育与学校教育之间的关系，同时也进一步阐明

了育人工作的细致性和复杂性。要想取得好的育人效果,切实促进孩子身心健康成长,家校必须“和合共进”,携手并肩,凝心聚力,高效育人。

一、学校教育引领家庭教育,助力高效合育

(一)家庭教育,需要与学校教育相一致

家校一致是学生健康成长的基本前提。作为教育主阵地的学校,要引领带动家庭教育指导水平的持续提升。一方面,学校要积极主动作为,另一方面,家长也要在理念上、行动上与学校、老师保持一致,同步配合,教育方可高效。

(二)家庭教育,需要家长主动学习促提升

学习是当今社会每一个人都面临的任务和使命。家长更要坚持不断地学习,否则就跟不上社会的步伐,在教育孩子方面就无法保持先进性。孩子的成长是快速的、持续不断的,家长要跟上孩子成长的步伐,尽可能多地了解儿童成长过程中的各种状况、各年龄阶段的发展特点和认知规律等,以确保教育的科学性。

(三)家庭教育,需要持续建设,灵活实施

育人,本身就是一个长期且复杂的过程。家庭教育陪伴孩子成长的全过程甚至一生,更是一个持续进行、持续建设、持续提升的过程。每一个孩子都是一个独一无二的个体,都是一个充满各种发展潜能和希望的鲜活生命。家长要立足孩子的成长,把自己的家庭“小课堂”变成孩子成长的“大课堂”,努力争做新时代的“大家长”。所以,家庭教育不能功利、不能短视,要切实为孩子一生的健康成长系好所有的“扣子”,为孩子一生的幸福生活奠定好基础。

二、家校共建运行机制由 1.0 版升为 2.0 版

作为济南市首批“百所家长学校示范校”和济南市教育局“泉家共成长”项目学校之一,济南高新区奥龙小学坚持“和合共进,润心育人”的核心理念,始终将家校共育工作作为学校高效育人和高质量办学的重要举措和路径。经过多年的探索和研究,学校不断优化以“1 个中心,2 大保障,3 份力量,4 大举措”为主的“1234 家校共建”运行机制 1.0 版,逐步升级到“123N 家校共建”运行机制 2.0 版,在家校育人过程中有序推进,成效显著。

(一)“1 个中心”,即以促进学习成长为中心

时代在发展,人人都要学习,以确保教育理念的先进性;孩子在成长,家长、老师都要跟上,以确保家庭教育和学校教育的科学性;教育要高效,必须家校合力、相互配合,以确保家校共育的实效性。比如,本着共同成长的目标,构建家长、老师、孩子共同成长的学习共同体,通过推荐阅读、参加专家讲堂、自主学习、读书沙龙等及时学习教育学、心理学、儿童成长发展和教育实施的规律,这对于促进智慧家庭创建和智慧家长成长都能够起到事半功倍的效果。

(二)“2 大保障”,即理念一致保障和行动一致保障

充分发挥学校教育主阵地的主导作用,通过日常家委会会议、主题座谈调研、“工作坊式”深度研讨等多项举措,引领家长认同学校办学理念并与其保持行动一致,是实现育人目标的关键。例如,学校每年 4 月份的“校园开放月”活动,就是实现“2 大保障”非常高效的举措。家长们走进校园,观察孩子在学校中的学习和生活,看到老师的工作日常,通过与老师的面对面沟通,对学校办学理念和行动理解得更加透彻,有利于家校共育。

(三)“3 份力量”,即专家、学校、家庭共建力量

专家是“方向标”,重在引方向、解难题和聚人气,确保家校共育的科学性和先进性;学校是家校共育的“主心骨”,重在做规划、搭平台、创氛围;家庭则是家校共育的“资源库”,重在出资源、献力量、做支持。各方力量各自发挥作用,实现家校共育的最佳成效。

(四)“N 项举措”,即家校共育的各项典型举措

经过多年的实践与探索,奥龙小学家校共育创建举措形式多样、路径灵活、有序高效。每学期学校会结合整体工作内容,灵活设计和推进各项举措。常用建设举措可以归纳为以下几大方面。

1.“课程化”推进

通过前期调研家长需求,组织骨干教师多轮研讨,邀请专家引领指导,学校结合校情,本着守正创新的原则,在传承中华优秀传统文化、弘扬新时代文明风尚的基础上,不断创新家庭教育,科学规划和设计了适合低、中、高三个学段的家庭教育指导系列框架(见表 4-1)。低学段以适应性指导课程为主,中学段以个体性指导课程为主,高学段以成长性指导课程为主。基于前期调研结果并坚持专家引领指导、贯穿守正创新原则的设计过程，确保了家庭教育课程框架的科学性、专业性和精准性。

表 4-1　奥龙小学家庭教育指导系列课程体系框架

	低学段	中学段	高学段
类别	幼小衔接指导课程	情绪调适指导课程	青春启蒙指导课程
	入学适应指导课程	时间管理指导课程	人际交往指导课程
	倾听交流指导课程	同伴交往指导课程	理想信念指导课程
	强身健体指导课程	集体意识指导课程	中小衔接指导课程
	安全自护指导课程	安全规则指导课程	安全法治指导课程
	原样交接指导课程（家庭与学校）	原样交接指导课程（家庭与社区）	原样交接指导课程（家庭与社会）
	学习习惯指导课程	学习方法指导课程	学习策略指导课程
	自理自立指导课程	劳动实践指导课程	劳动服务指导课程
课时	16	16	16

2.“大讲堂”引领

家庭心理教育是影响孩子健康成长的最重要因素，为全方位促进孩子的心理健康发展及个性形成，本着问题导向的原则，学校聘请专家团、校内骨干教师，通过每月一期的系列化专题“大讲堂”，组织各年级段家长开展宣讲活动，具体指导家长解决家庭教育问题和宣传科普知识。

学校组织了“用心理学智慧支持孩子成长”“新时代的家庭教育的内容与方法”“培养孩子未来三十年”等专题教育讲座，邀请了著名家庭教育指导专家逄霞老师、王俐月主任等为奥龙家长们倾情开讲。专家们从人本主义、精神分析、脑科学及家庭治疗等视角展开了专业分析与讲解，深入浅出地论述了现代教育中家庭教育和家长教育的重要性，还向家长们分享了大量家长与孩子之间沟通的案例，为家长朋友们排忧解难，号召大家通过读书交流互助互学，与孩子共同成长。

陪伴是给孩子最好的礼物。通过“大讲堂”平台，家长们对如何融洽并科学地与孩子相处和沟通、如何进行科学的家庭教育等都有了更全面的理解，在一定程度上解决了家庭教育的迷茫和困惑，同时也填补了家长与孩子交流方法方面的空白，为家庭教育中“未来与孩子怎样共同成长”指明了方向。

3.“工作坊”聚焦

结合一个主题或者一次专项行动，由校长或相关教师主持，开展“工作坊”，聚焦研讨相关内容，如聚焦“小组排座模式的利与弊”等研讨活动，通过智慧碰撞和平等对话，自然生成结果，效果较佳。

在班主任团队工作坊的主题研讨活动中，坊主多次带领班主任团队开展“家庭教育”专题分享，涉及教师的语言表达、情绪管理和人际协调等方面的优秀做法，家校沟通的相关内容与原则，家校联系创新方法等。每一次的深度思考和优秀班主任的经验分享，都不断引发新的智慧火花，有效指导班主任与家长配合和协调，帮助班主任更好更快地了解学生，提升班主任的教育能力和管理能力。同时，在教学实践中班主任也可以帮助家长认识孩子，冷静客观地看待孩子，学习科学的教育方法和必要的教育经验，实现教育共赢，更好地促进学生的全面发展。

4.“志愿岗”助力

“志愿岗”即由家长组建各类志愿者群体参与支持学校各项管理和日常运行等，如周五延时服务志愿岗、特色活动送课志愿岗、研学活动服务志愿岗等，都是学校高效运行的强大助力军。

每学年，学校都会评选“金牌家长”“榜样家长”，并在学校家委会年度工作总结活动中让“金牌家长”“榜样家长”亮相，颁发荣誉证书。学校还给予了“金牌家长”“榜样家长”特殊福利，比如他们可直接参与学校、年级、班级管理等常规会议，对教育教学、配餐、延时、社团等进行监督，也可以优先参加学校各类大型活动、学生研学主题活动、家长学校大讲堂等主题活动。这激发了家长对学校教育教学的关注和参与学校工作的积极性，促进了家校沟通，密切了家校联系，同时也体现了学校对家长志愿者们最诚挚的信任与感谢。

5.“融合性”共育

结合日常教育教学各项工作，学校进行融合设计，通过学科学习渗透、主题教育活动、劳动教育、习惯养成、校长命题、小手拉大手等多项举措，拓宽家庭教育指导工作推进路径，巧妙提升工作成效。例如，学校始终倡导全体师生、家长、社区全面参与共建校园，通过家校社合作共建、校园环境文化氛围创设、学科教学活动渗透、少先队主题活动培育、信息化建设推动等多种举措进行校园美化优化，以期提高全体师生、家长的文明素养和校园文明程度，形成文明建设发展的新常态。

6."智慧型"创建

一系列相关主题教育和家庭教育问题支着儿等活动的开展，指导了智慧家庭建设，进而促进了奥龙学子健康幸福成长。例如，召开智慧家庭创建系列活动之感恩教育，此活动由学校发起倡议，由家长引导孩子懂得感恩、学会感恩；召开智慧家庭创建系列活动之问题支着儿齐参与活动，通过问卷星的形式征集家长在假期可能遇到的家庭教育问题和困惑，并有针对性地进行答疑解惑，指导和促进家庭教育实践和智慧型家庭建设。又如，学校根据劳动教育和校园绿化、美化整体规划，构建家校协作共育体系，本着自愿报名、安全第一、开放合作、共建共育的原则，在校园中开辟出种植小区域，供本校学生自愿报名认领"家庭责任田"。该举措在促进亲子、家校关系和谐的同时，逐渐被设计成全面育人的特色课程，有利于引领家庭教育并最终实现家校共育的最佳效果。

7."家校社"共育

学校成立以校长为组长的"家校社"协同育人工作领导小组，构建由学校教育共建中心牵头落实的工作小组机构，把"家校社"协同育人工作纳入学校整体发展规划，实施协同育人工作计划。学校加强业务指导，提升教师家校共育工作水平，督促、检查工作开展情况，做好日常管理和宣传以及工作总结等。学校一直坚持通过"家校社"三位一体的教育模式让每个孩子都有无限的发展可能。家庭、学校、社区、社会都是奥龙小学学生们快乐成长的天地，他们走出校门，走向社会大舞台，更是少不了父母智囊团的鼎力支持和帮助。学校倡导和组织学生共同参与社区活动，开展社区内的卫生扫除实践，促进家庭、社区和学校之间的互动。利用传统节日，组织学生在小区内栽种树木，实现社区和家校互动。周末、寒暑假开放学校图书馆，开展亲子阅读和社区阅读指导。一系列活动的不断开展，既推进了家校社区共建，又培养了学生的实践能力，还增强了学生的社会责任感，促进了学校与家庭、社会的和谐发展。

8."技术性"支持

充分发挥信息技术优势，助力家庭教育，如学校通过微信公众号、视频号每周至少推送2～3篇家庭教育的优秀文章、案例等供家长学习阅读和分享。又如，通过问卷星的形式征集家长在假期遇到的家庭教育问题和困惑，联手各级专家、骨干教师、优秀家长进行“妙招分享”“支着儿答疑”，促进家庭教育实践水平的提高和智慧型家庭建设。

三、“和合共进”，润育成长显成效

（一）促进学生全面健康发展

通过家校社协同育人工作的逐步深入推进，一方面，我校家长具备了更高的家庭教育素养与能力，能够更好地发挥家庭教育的作用，更有效地促进智慧型家庭的科学建设；另一方面，学校与社区联动，开展社区综合实践活动等，充分保证了社区育人效果。家校社协同育人的实践探索带动了学生精神风貌、核心素养等的全面发展，为其一生的幸福和终身成长奠定了良好的基础。

（二）促进家长满意度持续提升

在济南市家长满意度调查中，学校连续多年被评为“家长满意学校”，学生们积极向上、阳光乐观的成长状态赢得了家长对学校办学理念的高度赞赏。同时，家长们积极参与、大力支持与配合学校工作，既实现了自己的迅速成长，又促进了家校共育的深入。因此，家长对学校各项工作均有较高评价，学校的社会赞誉逐渐增多，工作得到了普遍认可。

（三）家校共育运行机制初步构建

学校已经构建起相对成熟的“123N家校共建”运行机制，即1个中心、2大保障、3份力量、N项举措。“1个中心”是以促进学生学习成长为中心，本着共同的目标，家长、老师与孩子一起学习、共同提升，积极构建学习成长共同体。“2大保障”即理念一致保障和行动一致保障，争取家长对学校工作理念的认同，从而保持行动一致。“3份力量”即专家、学校、家庭力量，这也是最核心的三大力量。“N项举措”即“课程化”推进、“大讲堂”引领、“工作坊”聚焦以及“志愿岗”助力等典型举措。

（四）促进学校系列成果生成

学校构建的家校社协同育人体系能够增强家校社协同育人的实效性。同时，通过专家引领，教师牵头，优秀家长和优秀家庭、社区居委会带动，校内校外相结合，线上线下相结合，优质平台资源引入的方式，推动家校社协同育人水平的全面提升，促进学校教育教学、家校社共育质量的全面提高。

总之，奥龙小学“123N家校共建”运行机制逐渐成熟，成效明显，促进了学校各项工作的全面推进和工作成效的达成。学校连续多年被评为“家长满意学校”；一大批家庭教育指导骨干教师和名优教师成长起来，如尹怡华被推选为省教育厅家庭教育指导公益宣讲团专家，刘彬被评为山东省家庭教育指导名师培育人选，多位教师荣获济南市家庭教育指导师资格，多位教师的家校共育典型举措多次在校内外得以分享、推广；尹怡华校长受邀参加山东教育电视台“养教有方”栏目和“家庭教育大家谈”的专家话题采访、省级家校共育现场会宣讲推介等；张甜甜、刘彬、石守玥等骨干老师曾多次为新疆、夏津、禹城等地区的学校老师们分享家庭教育指导经验。近几年，学校获评济南市首批“百所家长学校示范校”、济南市“泉家共成长”项目学校、济南市家庭教育优秀案例分享等各级各类荣誉。

第四节　“资源”共享，促社区共建

教育是构建和谐社会的基础，学校是教育的主阵地，拥有充足且重要的公共资源，理应成为建设和谐社会的先行者和承载者。丰富的社区资源是实施素质教育的有力增长点，是促进教育改革的力量源泉，能够有力提升教育水平。济南高新区奥龙小学与所在社区高新区奥龙社区居委会密切联系，开展了各种教育活动，为推动文明学校和文明社区建设作出了积极贡献，更是以各项工作的推进实施为切入点丰富和充实了学校办学育人路径和力量资源等。

一、党员“双报到”，联动共建

党员“双报到”要求企事业单位党组织工作人员到所在地社区报到，共同建设社区；在职党员到居住地社区报到，组织开展志愿服务。“双报到”能够让在职党员在工作以外的时间发挥作用，对社区管理负责，直接服务社区和群众。为推动学校、社区共驻共建，提升学校基层党建的整体效能，济南高新区奥龙小学党支部通过党员“双报到”的开展进一步加强了学校与社区的双向沟通，营造了学校、社区互动的教育氛围，形成了资源共享、优势互补的良好局面。

（一）社区共建，服务为民

为充分发挥“双报到”单位力量，进一步推动奥龙社区的“双报到”活动在社区基层党建工作中取得实效，全面推进创建全国文明城市工作，济南高新区奥龙小学党支部开展“文明创城·你我同行”主题党日志愿服务活动，主要任务是对沿街商铺门口人行道上的烟头、废纸等垃圾进行清理。党员们积极投身志愿服务活动，真正做到全心全意为人民服务。此次活动的开展让党员进一步融入了社区共建，进一步增强了服务社区、服务群众的意识，切实发挥了“双报到”的最大作用。

本次活动营造了全民参与、上下互动的浓厚氛围，形成了“人人知晓，人人参与”的良好局面，居民对文明城市创建工作有了更深了解，进一步加深了文明城市创建的群众基础。同时，也弘扬了志愿精神，发挥了党员的旗帜作用，引导群众参与到创城工作中，用实际行动支持、践行文明城市创建工作。

（二）请进校园，共助发展

济南市高新区奥龙社区居委会党支部联合辖区“双报到”各单位多次走进奥龙小学，举行“同心同根国旗升，携手共筑中国梦”升国旗仪式主题党日活动。辖区“双报到”单位党支部组织党员多次来到奥龙小学，开展以“主题教育”和“双报到”具体事宜为主题的讨论会议，进一步推进文明城市创建宣传工作，提高创建工作的知晓率、参与率，营造人人皆知、广泛参与的良好社区氛围。

“不忘初心，牢记使命”内蕴着每一位党员干部对伟大祖国深深的祝福与无限的敬意，济南高新区奥龙小学党支部将持续开展党员“双报到”活动，加强学校与社区的双向沟通，营造学校、社区互动的教育氛围，继续发扬艰苦奋斗的精神，勇于担当时代赋予的神圣使命，砥砺强国之志，通过多重举措、文明创建、渗透引领，将党员“双报到”工作落到实处、精处、细处。

二、校社“手拉手”，文明共筑

文明，是一座城市的根基，更是一座城市的底色。创建文明社会与社区，是一项永不停歇的民生工程和幸福工程。学校，是文明传播的主阵地，是文明践行的先驱者。

（一）社区与学校，文明齐创建

为进一步做好文明城市创建宣传工作，提高创建工作的知晓率、参与率，营造人人皆知、广泛参与的良好社区氛围，我校师生通过党员“双报到”等途径与高新区奥龙社区居委会志愿者们共同参与文明城市创建工作，积极践行文明志愿者行动，如在校门口及周边向路过的家长、居民和行人发放“文明城市你我共建，城市文明全民共享——致泉城市民朋友的一封信”等宣传资料，为居民面对面讲解文明创建知识，倡议居民支持并参与文明城市创建活动，争当文明人，争做文明事，以此提高市民对创建全国文明城市的知晓率、参与率、支持率。倡导身边人积极践行文明行动，共树良好文明新风。跟随奥龙社区居委会工作人员进入附近生活小区、单位、商铺等发放文明宣传单，使群众了解文明城市创建工作的相关知识。

不仅师生走进社区进行文明宣传，而且社区工作者也经常走进学校进行文明宣讲，如在每周一的升旗仪式上，社区工作者会对学生进行文明宣传的讲话，社区与学校相互协作，共同支持、配合济南市的文明城市创建工作，引导群众监督不文明行为，争做文明人，为创建全国文明城市贡献自己的力量。

（二）小手拉大手，文明共起航

社会文明需要社会中每一个人的参与，“小手拉大手，文明共起航”就是要立足学校，教育师生，带动家庭，辐射社会，充分发挥学校教育工作的引领辐射作用。奥龙小学始终倡导师生、家长全员参与，树立文明理念，实践文明行为，养成文明素养。

在校内，学校充分发挥共青团组织教育引导青少年的重要作用，提倡“低碳新生活”“文明齐步走”“绿色上网，文明阅读”“环保我能行”“共建文明交通”“共同反邪教”等多个主题文明引导活动，通过校园环境文化氛围创设、学科教学活动渗透、少先队主题活动培育、信息化建设推动、家校合作共建等多种举措，形成文明建设发展的新常态。

通过激发学生的责任感，发挥好每个学生的纽带作用，切实把教育活动从校内向家庭、向社会延伸，让学生与家长互相监督、互相提醒、共同行动，积极践行“说文明话，做文明事，当文明人”的倡议，争当“文明小使者”，争做“文明好市民”。小手拉大手，带动父母亲朋，共同争做文明济南人，为创建全国文明典范城市贡献一份力量。

接下来，学校将继续秉持多年文明城市创建的优良传统，发扬作为山东省、济南市和高新区首届文明校园的优势特色，根据全市文明城市创建相关要求和细则，做实、做细、做深各项文明城市创建工作。

三、实践“共参与”，携手共育

济南高新区奥龙小学依据学生的身心发展规律，开展了形式多样的社区社会实践活动。学生在教师的指导下走出教室，广泛接触社会，认识社会，参加以获得直接经验、发展实践能力、增强社会责任感为主旨的学习活动，实现社会实践与课堂教学相辅相成、和合共生。

（一）实践助成长，服务进社区

为使学生树立正确的劳动观，热爱劳动和劳动人民，弘扬中华民族吃苦耐劳的传统美德，增强社会责任感和综合实践活动能力，每一学期，中队队员们会分别走进各自社区，开展社区服务实践活动。在劳动过程中，队员们充分发扬不怕苦、不怕脏、不怕累的精神，有条不紊地进行扫地、捡垃圾、清除杂草落叶等工作。

每年植树节，奥龙小学的学生们或走进社区，同社区居民一同种植树木，或在班级家委会的组织下，走进大自然，与家长们携手开展活动。通过此项活动，同学们不仅懂得了树木对环境的重要性，增强了自身的环保意识和社会责任感，还锻炼了身体，陶冶了情操。同学们携手劳动，种下的不仅是一株株植物，更是一份份幸福与希望。

此类社会实践活动的开展增强了队员们的劳动观念和环保意识，提高了队员们的责任感和为社会奉献的使命感，营造了浓厚的社区环保氛围，是一次保护环境卫生的教育宣传活动。相信奥龙小学的队员们定会将劳动观念和环保意识牢记心间，用实际行动为社会贡献自己的一份力量。

（二）拥抱大自然，快乐同我行

为了拓展学生们的视野，让学生们感受大自然的美好，激发学生们热爱大自然的情感，也为了丰富学生们的社会实践生活，在集体活动中增进学生们团结互助的感情，学校开展了拥抱春天研学课程。

学校中队队员们走进山东省青少年宫常青营地，走进美丽的农场，走进泉城公园，去体验一场场愉快又独具意义的研学活动。这里有百看不厌的新奇，只有亲身体验，才能知道大自然的美好。在研学活动中，孩子们可以合作种树苗，在辛勤的劳作下，一棵棵爱心小树苗承载着同学们的小小心愿，笔直地挺立着；也可以山野徒步，了解济南南部山区早春生物多样性的现状，调查物种的分布和种群，并采集实验的标本；还可以与花朵亲密接触，欣赏花草们奇特的姿态、丰硕的花果和绚丽的色彩。研学活动既让孩子们领略了春光的无限美好，又让孩子们开阔了眼界，增长了知识，体验到了集体活动的乐趣，彰显了奥龙小学学生阳光、文明的风采。

学校高年级学生也在春天前往山东省青少年教育实践基地——山青世界，开展研学拓展训练，通过封闭式准军事化综合课程实践学习与训练，全面提升自己的综合素质。把学生拉出课堂，带离校园，走进自然、社会，是学校通过丰富多彩的课程实践实现全面育人的重要途径。在这里，学生亲近阳光，亲历风雨，做更勇敢的自己！在户外阳光风雨中锻炼成长，在绿色营地中培养吃苦耐劳的精神和坚韧不拔的意志品质。"读万卷书，行万里路"，引导学生进行"身临其境"的学习，拓展思维和眼界，使研学实践真正成为"行走的课堂"。

（三）拥抱高科技，一起向未来

为了激发青少年对科技的浓厚兴趣，以实现科技强国为梦想，学校营造了"学科学，爱科学，用科学"的良好氛围，开展了以下实践活动：参观中国500强企业——浪潮集团，近距离了解并体验浪潮云计算等高科技技术和服务的神秘魅力和威力；走进济南量子技术研究院，开展少先队科技研学活动；除此之外，学校中队队员们还参观了山东省地质博物馆、山东省生态环境厅、济南市地震科普馆等。通过开展丰富多彩的课内外科技实践活动，学生的自主探究能力、创造创新能力得到了充分锻炼和发展。

实践是学生认识、探索自然规律和社会发展规律，掌握科学和技术，解决实际生活、生产和社会问题等所必需的学习活动，是课堂教学的必要补充和延伸，是促进学生实现学习与思考相结合、认知和行为相统一的纽带和桥梁。我校将始终把实践教育活动作为德育最基本、最有效的途径之一，继续开展多样化实践活动。

现代教育是大教育，以创建和谐校园、共建和谐社区为载体，以学校教育教学为主阵地，以服务社区活动为平台，学校和社区融为一体，利用双方的丰富资源，积极开展学校、社区的共建活动，有利于促进学校和社区的共同发展，提高居民生活质量，维护社会稳定。共建是学校和社区双赢的选择。

第五章 “润”心育人，丰富样态

“润”是学校的教育样态，具体表现为：和润课程，构筑和合共育核心载体；浸润德育，落实立德树人根本任务；雅润管理，打造雅正创新品质学校；丰润评价，助力学生心康体健茁壮成长；温润校园，营造温暖多元育人环境，各层面、各环节、各内容合力润育。

第一节 和润课程，和合共育

课程是学校落实立德树人根本任务的核心载体。学校一切教育教学活动都可以成为课程。我们常说，一位优秀的教师就是一门优秀的课程，同样，一次成功的活动也是一门成功的课程。“和润课程”的构建是提高学校教学质量和育人成效的重要举措。

一、“和润课程”发展及应用实践

和润教育体系下的“和润课程”作为和润教育品牌的重要组成部分，对学校“和润教育”生态体系构建、学生生命健康成长均起到关键作用，是学校育人的关键一环。根据国家教育方针政策，结合新课标的最新要求，和润课程主要涵盖以下三个层面：一是在宏观层面，聚焦学校“和润童年，点亮一生”的办学愿景，课程层面的任务就是建设课程内容体系。学校的课程内容起着基础性、方向性的作用，承载着学校育人的总体目标——培养“有梦想、有力量、赢未来的阳光少年”。二是在中观层面，聚焦学校教育的新样态。课程层面的任务是一体化设计学校课程，总体课程的顶层设计和教育教学方法的创新也是学校提炼办学特色、提升办学水平的关键指标。三是在微观层面，聚焦师生的新素养。课程层面的任务就是校本化实施学校课程，即通过“KPC 高效课堂”、教师发展共同体、成果动态性生成等教与学变革方法，提升学校教育教学质量和办学水平，最终实现学校办学总体目标——创办“有信仰、有活力、高品质的现代学校”。基于以上三个层面的定位，由校长牵头、教学研究中心和教师发展中心共同参与，按照目标、内容、实施与评价模块，将和润课程体系 1.0 版（见图 5-1）升级为和润课程体系 2.0 版（见图 5-2）。升级版的课程体系将和润课程体系 1.0 版的“聚力课程”与“活力课堂”逐步细化为规定性、基础性、选择性、综合性四类课程与“KPC 高效课堂”、教师发展共同体、成果动态性生成。

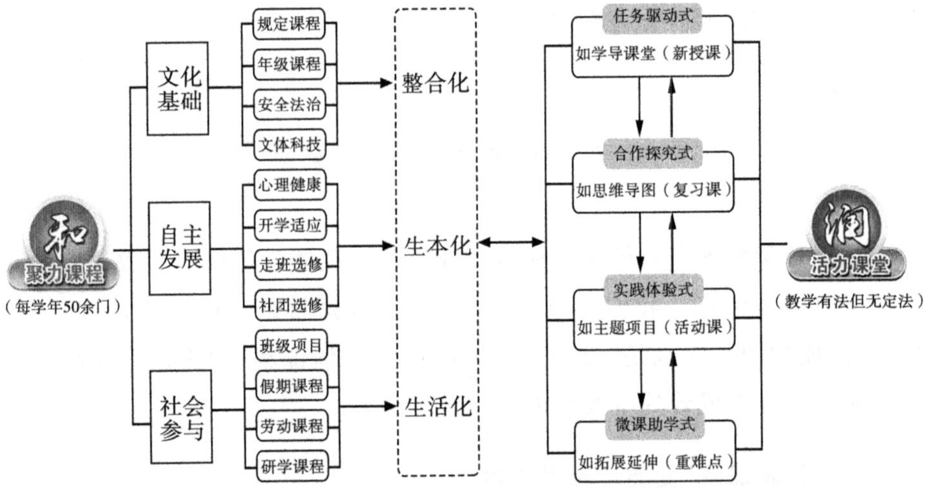

图 5-1　和润课程体系 1.0 版

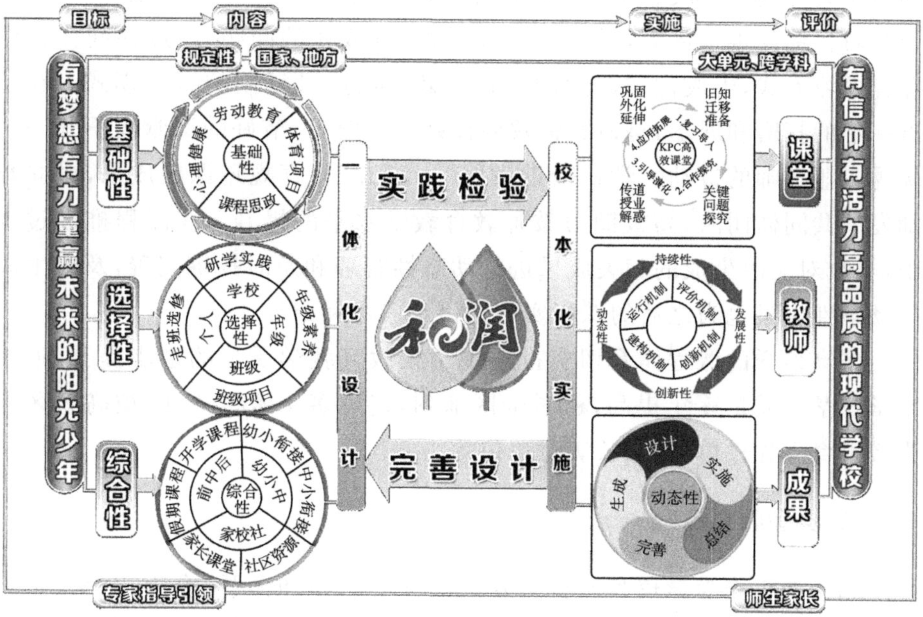

图 5-2　和润课程体系 2.0 版

从课程内容看,学校和润课程体系 1.0 版主要是根据学生核心素养三大维度,设计出“文化基础”“自主发展”“社会参与”三大课程门类,构建出“聚力课程”体系。随着课程建设的逐步成熟和完善,近两年学校凝聚校内外师资、各类活动、主题教育等力量,从学生实际定位和发展需求出发,将“聚力课程”体系按照课程性质重组为规定性、基础性、选择性与综合性四类课程,并围绕学校育人目标进行课程内容一体化设计,构建出更适合奥龙学子的和润课程体系 2.0 版,课程内容的设计更加系统化、完整化和序列化。

从实施过程看,学校和润课程体系 1.0 版中的“活力课堂”是依据整合化、生本化、生活化设计原则,进行灵活应用,重在改革课堂教学组织形式和探索尝试新的育人方式,初步形成以任务驱动式、合作探究式、实践体验式、微课助学式为主的教学范式,构建出以“聚力课程”为核心内容载体的高效“活力课堂”。而在学校和润课程体系 2.0 版中,“KPC 高效课堂”、教师发展共同体、成果动态性生成三大典型举措共同助力和润课程校本化实施落地。首先,学校根据前期实践经验,进一步总结与提炼生成了“KPC 高效课堂”,

即基于关键问题解决和学习共同体建设的高效课堂。“KPC 高效课堂”是结合学习目标和重点内容，设计具有关键性、挑战性的问题，通过共同体合作探究学习方式，生成优质课堂的一种高效、可行、可复制的课堂模式。经过近一年的打磨和展示，目前实施效果良好。同时，一节好的课堂离不开一名优秀专业教师的带动。学校借助省级“十三五”教育规划课题成果，成立教师发展共同体团队，高效助力教师教育教学水平的提升。在课程推进过程中，学校对实时生成的相关成果进行动态性管理和及时提炼完善，及时生成的动态性成果也为之后的课程实施提供了参考和指导。

丰富多样的课程体系切实推进了学校教育教学质量的稳步提升，近年来学校学业质量逐年提高，稳居全区前列，连续多年考核优秀，被高新区评为教书育人先进单位、家长满意单位等。

二、典型特色课程

和润课程作为学校和润教育发展的核心载体和命脉，全程、全科、全员贯通一致，高效、可行、灵活贯穿一体，是学校继续规划设计和创新探索的核心生命线。学校着力构建丰富、多样、成熟、个性化的和润课程体系，打造灵活、高效的课堂架构模式，为学生的全面培育和个性化成长提供更多可能，更好地助力学生生命健康成长。下面以“假期·开学”系列课程、主题项目系列课程、走班选修自主系列课程、体育教育特色项目课程、劳动教育系列课程、“五个一”素养系列课程、引桥衔接系列课程等典型特色课程为例，结合具体课例实践，就“和润课程”优势内容进行简要呈现。

(一)“假期·开学”系列课程

1.课程简介

为深入贯彻落实立德树人根本任务，坚持育人为本、德育为先，以培养学生良好思想品德和健全人格为根本，以促进学生形成良好行为习惯为重点，以《中小学生守则》(2015 年修订)为抓手，济南高新区奥龙小学自 2016 年暑假起自主研发和开展实施的“假期·开学”系列课程，如今已成为全校师生、家长人人皆知、全员参与的一项特色系列课程项目。2018 年 1 月，济南市教育局发布的《济南市中小学寒暑假课程建设指导意见》指出，寒暑假不应是教育的“空白期”，而应是提升学生综合学习能力的“可为期”。这为该项学校特色系列课程的设置与实施提供了政策依据和方向指导。学校

“假期·开学”系列课程正是在这样的背景下得到进一步设计完善与实施延展的。

起初,该课程旨在改变以往假期生活以学科知识机械性重复练习为主的单一形式,重在巧妙利用寒暑假时间长、学生可以充分自主参与社会生活等优势,引领学生积极参与实践、融入社会,将自己学习的知识与生活体验密切联系,真实体会学习与生活的关系,激发学生努力学习的自信心和兴趣,培养锻炼学生的综合素养和能力。

新学期中的班级项目系列课程则是对假期系列课程中未完成的、碎片化的学习内容的继续深化和学习探究,以促进学生的学习更深、更广地延续和拓展。自 2016 年暑假至今,“假期那些事儿”暨“假期·开学”系列课程已经成为奥龙小学师生、家长人人皆知、全员参与的一项特色系列课程项目。

2.课程目标

“假期·开学”系列课程目标的设计主要凸显三点:一是旨在将假期前后、假期中的学科知识巩固、实践应用、收获分享等进行整合与融合,在学科教师的科学、高效引领下,将各学科教学中未涉及或者日常教学不便于落实的如传统文化、研学实践、安全法治、主题项目等元素融合在课程内容中,尽可能实现小学生综合性、完整性学习需求。二是通过课程学习,进一步巩固学科知识在生活、实践中的具体应用,让学生切实感受到生活与学习的密切联系,更加热爱学习,创造性地参与学习。三是开学第一周的系列衔接课程为假期课程学习成效分享、入学初的开学适应做好充分准备,有效打败“开学综合征”;同时,伴随每期不同专题的延伸性学习,不断开阔学生视野,培育学生核心素养。

该课程巧妙发挥了假期中、开学第一周、项目推进周三个时间段的学习效力,集合了学校、家庭、社区、各类实践教育基地、专业机构等各方资源和力量,让丰富多彩的假期更加充实“有为”,让科学多样的课程凸显“神威”。

3.课程内容

假期课程内容主要分为“假期中综合实践系列课程”和新学期开学第一周“假期那些事儿分享系列课程”两大序列。

“假期中综合实践系列课程”主要是在放假前由学校统筹规划,由各学科教师精心规划和布置,设计制作《坚持“十个一”,收获好素养》假期实践系列课程手册。该手册整合各学科相关目标,结合学生良好习惯养成、研学实践、自主阅读等目标，设计符合小学生年龄特点的课程内容和形式，有目的地引导学生参与社会实践、动手创作、综合探究等，充分感受和体验生活，并坚持良好习惯，收获全面素养。

除此之外，“假期·开学”系列课程还拓展了“文明创建那些事儿”（小手大手一起走、文明奥龙一起行系列课程）、全校一堂课、大小课结合等内容。与此同时，充分利用开学第一周，充实规划丰富多样的专题项目系列课程，融入各类专家讲座、外出研学实践、班级项目研究等，都受到学生和家长的喜爱与赞扬。

4.课程实施

（1）假前规划与假中指导“共落实”

每次寒暑假前一周，校长、教学处和学生会就学生假期课程思路和内容与全体任课教师一起商讨，本着“既可以巩固应用已学课程内容，又可以提高全面素养”的基本原则，结合各学科特点与优势，为不同年级学生规划设计相适应的假期课程实践手册。各学科结合各自需求，充分发挥信息技术、网络成长空间、家长微信群、学生群等平台优势，适时做好假期时段对学生学习的引领与督促。

（2）开学典礼与第一课启动“同引领”

新学期开学典礼必定是全校师生的开学统领“第一课”。全校师生统一思想，明确新学期新目标，伴随校长“开学第一课”教学，启动“假期那些事儿”分享系列课程，引领全校师生共同回顾假期中的美好瞬间和各种成长。

开学第一天，班主任、学科教师的开学第一课都讲“假期中的那些事儿”，设计开展一系列的“开学适应系列课程”，如思政课程、爱眼护眼课程、法治教育、安全教育、路队训练以及开学第一课（不包含新课内容）、假期课程成果分享等。课堂上，老师们设计的课程主题变成了奥运会中的那些奖牌、人物和故事，八达岭野生动物园里的老虎，新老师的那些事儿，小伙伴们的那些游戏，读过的万卷书，走过的万里路……学校巧妙利用开学第一周的有利时机，从2017年春季开始，在2016年假期课程的基础上统一规划设计以活动、探究为主的相关专题系列课程，对“假期·开学”系列课程进行补充。以“传统文化进校园”系列为例。2017年秋季开学时，杨树老师来到学校，利用UVC（USB Vedio Class）技术，通过现场授课和远程同步直播相结合的方式给全校师生讲解博大精深的传统文化；学校根据不同年级学生的不同接受能力，为大家普及艺术知识。学校还在开学第一周引入了快板、咏春拳、论语、水影画、刻纸等传统文化形式的表演或演示，为学生打开了深入国粹精华的大门。此外，还有“小手拉大手”文明创建系列、“运动健康伴成长”系列。学校每学期都设置一个不同的主题，根据不同年级学生的认知水平和实际需求，安排专家进校开展讲座，或组织学生外出研学实践，一方面提升学生素养，另一方面帮助学生适应新学期，有效打败“开学综合征”。安全教育、习惯养成、开学适应等是老师们进行教学设计的重中之重。

学生假期学习成果、作品也在此加以展示，老师们会进行具体的指导和点拨，引导学生继续努力丰富和完善，以用于全校周四下午的假期成果大分享。根据上级安排，全校师生集中观看《开学第一课》，感受新学期伊始的仪式感和新鲜感，同时组织各班分享交流，初步规划设计各班新学期重点目标。

除了“新鲜出炉”的项目课程，学校也扩展了课程元素，如玩玩传统老游戏、参观气象科普馆也被列入开学第一周的日程安排。专家走进学校，给学生们讲解急救自救小知识；家长走进课堂，开展大讲堂活动，帮助学生们度过开学适应期。

(3)理论实践与大课小课“齐步走”

每周二至周四，学校根据课程统一组织或者各年级、班级自主实施丰富多彩的“走出去，请进来”专题课程，通过“上大课，开小课”多种方式有效整合学校、社区等各种优质教育资源，开展各级各类主题系列课程。通过引导学生集中体验和连续性学习某项专题项目，进一步开阔个人视野，全面培育学生综合素质和能力。

(4)成果分享与目标规划“双并重”

开学第一周的后半程是“假期那些事儿”：假期学习成果全校大分享时间。学生们先是在各自班级内展示成果，再在全校各班循环观摩，大家分享交流，收获颇丰。

开学第一周的最后一天开启了新的学期，全校师生打开新课本，预习新内容，制定新目标，开启新征程。

5.课程成效

假期开学课程从最初“创新假期特色作业设计与布置，旨在丰富假期生活、顺利度过开学适应期”的初步模式探索，到现在“巧妙实施假期中、开学第一周、班级项目系列课程总体规划，旨在实现假期课程有为、提升学生全面核心素养”的科学高效落实，一步一个脚印，一次一级提升，不仅是学校德育一体化课程建设、学科课程整合、研学实践课程落实、特色项目课程打造的重要内容，更是全面培育学生综合素养的重要途径和载体。该课程被济南市教育局评为济南市德育品牌课程并在全市推广，得到专家、同仁一致认可，更受到家长、学生的喜爱与赞扬。让假期“有为”，让课程“显威”，奥龙小学的师生们，用创新和实践装扮着假期，用温度和课程润育着童心；学子们精彩亮相，放飞梦想，他们在假期中快乐着、成长着，在课程中体验着、收获着！

（二）主题项目系列课程

1.课程简介

学校主题项目系列课程本着全校师生人人参与、各班项目自主认定、专项经费能动引领的基本理念和定位，利用开学第一周，在班主任带领下，各班级群策群力，策划设计每学期一次的班级项目系列课程。内容涵盖绿色环保、节能生态、科技创新、科学工程、职业体验等，很多延续了各班假期特色课程的相关主题，对其进行进一步的探索和研究。经学校审定，各班自主规划设计活动，可以走出校园、走进社区和各种实践基地，也可以请各界专家团队走进校园进行专业指导。该课程以具体可行的“小项目”为支撑，以内容多样的“小主题”为载体，旨在鼓励全体师生积极探索课程创新，实践课程设计，让学生们通过参与探索收获更多，成长更快。

项目课程以“项目认领”“团体推进”等方式实施。首先，结合学校师资力量优势，设计具体可行的特色项目、专题内容等，由各班主任作为项目负责人，各项目共同体团队加以认领和集中推进。其次，通过项目制认领和共同体打造，将教师专业发展共同体实践的典型经验应用到促进学生身心健康发展的实践过程中。全校师生一起，组成项目推进共同体，凝聚合力助推特色教育有序落地和高效实施。

2.课程实例

每一个主题项目课程都是结合课程难度、学生年龄及认知经验等，经项目团队多轮研讨、设计，共同推进实施的。下面通过几个课程实例进行简要介绍。

(1)一年级“环保我能行”项目课程

①选课意图

地球是我们赖以生存的美丽家园,保护地球,爱护地球,创建文明、洁净的环境,是我们每一个公民的责任,环保教育也是学校教育中必不可少的一部分。结合一年级学生年龄特点和良好习惯养成教育的总体规划,每学年的第一学期,一年级师生会选定“环保我能行”项目主题进行设计和实施,这也成为奥龙小学一年级的传统主题项目课程。

②实施过程

课程学习第一天:在班主任老师的带领下,学生们了解了生活中的环境污染问题,认识到了环境保护的重要性。随后,大家一起了解垃圾分类的相关知识。通过这部分内容的学习,学生们懂得了保护环境的迫切性及必要性,也为后面的“创意环保画”创作及“废旧品,巧利用”的手工制作做好铺垫。

课程学习第二天、第三天:在美术老师的带领下,学生们一起进行“创意环保画”的学习、创作和“废旧品,巧利用”的手工制作。在老师的悉心指导下,一幅幅“创意环保画”展示了学生们开阔的思路、精彩的创意。在“废旧品,巧利用”环节,学生们用一双双小巧手,让一个个普通的塑料水瓶变成一个个精美的花瓶,并插上用小树枝和彩泥制作的花束,把整个班级装扮成缤纷多彩的“春天”的模样。还有部分学生利用周末时间,和爸爸妈妈一起完成许多原创作品。学生们在动手制作作品的同时,更加深刻地懂得了环保就在我们身边,生活中只要留心则时时处处皆可推进环保的道理。

课程学习第四天:音乐老师带领学生们一起学习环保宣传歌曲,通过以歌伴舞的形式让学生们在轻松欢乐的气氛中将“保护环境”印刻在心中。

课程学习第五天:在项目课程展示环节,各班表现精彩纷呈。每个班都将自己在项目课程学习中的收获感悟通过作品等一一呈现出来。

③实施效果

通过“环保我能行”主题项目课程的系列学习,学生掌握了垃圾分类基础知识,养成了良好的卫生习惯,初步树立了“保护环境,从我做起”的意识。同时,“小手牵大手”的亲子活动让更多的家庭愿意主动为建设节约型社会贡献出自己的一份力量。每学期,学校会结合实际,制定垃圾分类实施方案,使垃圾分类回收实现长期化、规范化,让学生养成良好习惯,同时带动和影响家庭、社区。

(2)二年级“秋天交响曲”项目课程

①选课意图

“万美之中秋为最。”在如诗、如画、如歌的金秋季节里，为了让学生更好地感受秋天的美丽及变化，激发学生热爱自然、关注自然的情感，每学年秋季学期，二年级都会选定“秋天交响曲”作为课程主题推进学习。通过寻找秋天、了解秋天健康小知识、制作秋天的树叶画、朗诵有关秋天的古诗、学唱赞美秋天的歌曲等活动，学生走进大自然这个广阔的课堂，开阔视野，增长知识，探寻秋天之韵味，感受秋天之美好。

②实施过程

课程学习第一天：同学们在班主任老师的带领下到校园里寻找秋天。秋天是一个美丽的季节，火红的枫叶在空中飞舞；秋天是一个收获的季节，金黄的麦穗笑弯了腰；秋天是一个瓜果飘香的季节，香甜的果实挂满了枝头。同学们在校园中踏着秋日的柔光，欣赏缤纷的秋色，感受收获的喜悦。健康老师还要给同学们讲解秋天健康饮食以及疾病预防的有关知识，希望每一名同学都能拥有健康的体魄和愉悦的心情。

课程学习第二天：在美术老师的带领下，学生们利用搜集到的各种各样的树叶制作剪贴画。一片片形状不同、色彩各异的树叶通过学生们灵巧的双手被裁剪粘贴成一幅幅栩栩如生又充满童趣的图画。有的变成了美丽的小鸟，有的变成了可爱的小姑娘，有的变成了调皮的小动物……一幅幅充满生机的树叶贴画展现了学生们无限的创意。同学们还用彩泥制作了秋天丰收的景象：苹果绽出美丽的笑脸，一串串葡萄如晶莹的玛瑙，石榴也咧开嘴笑了，橘子、梨，你挤我碰，仿佛微笑着叫人们快来摘呢！

课程学习第三天：同学们在音乐老师的带领下一起学习歌曲《秋天多么美》，灿烂的笑容，优美的舞蹈，感染着每一个人。同学们在欢快的歌曲中感受秋天的美好，激发了热爱大自然的美好情感。

课程学习第四天：语文老师带领同学们一起学习有关秋天的古诗。同学们吟诵并书写着一首首脍炙人口的古诗词，在重温经典诗词的同时，感受诵读的快乐、书写的魅力，在潜移默化中浸润中华优秀传统文化。

课程学习第五天：同学们通过各种形式，展示一周的学习收获与成果。评委团走进各班进行观摩、评价和研讨，为该课程的实施画上圆满的句号。

③实施效果

大自然是最好的课堂，最好的教育来自大自然。通过“秋天交响曲”项目课程的学习，学生们与大自然亲密接触，感受秋韵之美，感知自然的变化和美妙，激发探究的欲望，学生的综合素养得以提升。

(3)三年级“欢欢喜喜过大年”项目课程

①选课意图

春节文化丰富而深厚，为了让学生们在活动中感受中华传统文化，激发学习兴趣，三年级全体师生确定了“欢欢喜喜过大年”的项目主题和内容。该项目学习过程集语文、音乐、美术、传统文化、道德与法治、科学等多学科课程教与学于一体，充满综合性、实践性、体验性和趣味性。

这样的学习，引导着学生了解春节的由来和相关习俗、感受春节的热闹氛围，同时培养了学生的动手能力和创新精神，让学生们学会用彩泥制作各种各样的中国美食以及虎头鞋、虎头帽等非物质文化遗产，更深切地感受传统文化的魅力。

②实施过程

课程学习第一天：春节知多少。在道德与法治老师和科学老师的带领下，学生初步了解了春节的由来和相关习俗，激发了学习探究的兴趣。

课程学习第二天：巧手捏“春节”。在美术老师的指导下，学生们用彩泥制作中国美食和寓意平安吉祥的虎头鞋、虎头帽。虎头鞋、虎头帽是非物质文化遗产，借此机会也向学生拓展关于非物质文化遗产的内容。通过亲手制作，学生的动手能力和创新意识都有了明显的提高。

课程学习第三天：歌舞演“春节”。在音乐老师的带领下，学生们学习《大摇大摆迎春来》的歌曲和舞蹈表演，进一步感受春节热闹的氛围。

课程学习第四天：春节送祝福。语文老师带领学生一起写“福”字，或者创作和春节相关的年画，共同表达新春的祝福。

课程学习第五天：学生进行项目课程学习展示，评委团走进各班进行观摩、评价和研讨。同时，老师也会鼓励学生们，通过自己动手或与家人合作，制作新春小作品，营造春节的氛围，同时把自己所学的讲给家人听。

③实施效果

通过为期一周的项目课程学习，学生们充分了解了春节的来历和风俗，通过亲手制作年夜饭和写福字等活动对春节的吉祥如意、平安幸福的寓意有了更多的了解和体验。学生们既提高了自己的动手和创新能力，也进一步感受到了中华民族传统文化的魅力。

(4)四年级“空气大炮”项目课程

“空气大炮”是专门面向四年级全体学生开设的课程主题。

①选课意图

四年级的学生，大脑发育正处于内部结构和功能逐渐完善的关键期，生理和心理特点变化明显，此时是培养学生的学习能力、情绪调控能力、意志能力和学习习惯的最佳时期。科技类的课程内容非常受学生欢迎。

结合学生的兴趣需求，本项目课程主要融合科学、美术、综合实践三个学科的知识，将三科有效整合后，既能激发学生探索科学奥秘的兴趣，培养具有探索精神的好少年，又能帮助学生感受手工的魅力，增强学生的动手操作能力、团队合作能力。

②实施过程

课程前期，同学们根据学习兴趣自由组队，组成“学习共同体”小组，为后期课程的实施做好准备。

课程学习第一天：科学老师介绍空气大炮的基本构造和科学原理，并介绍“空气大炮”的制作过程。讲解意在让学生明白空气大炮的实验原理，激发学生的学习兴趣。

课程学习第二天：巧做微型炮。在老师的指导下，各小组协作探究，小试牛刀，通过做微型空气炮，激发学生的思考潜能，培养动手能力。

课程学习第三天：绘制“手抄炮”。学生们根据前几天所学，绘制精美的空气炮手抄报，加深对空气炮原理的理解，为接下来“空气大炮”的学习和制作做好准备。

课程学习第四天：制作“空气大炮”。通过微型空气炮的制作，学生们已经初步了解空气炮的原理与特点。空气大炮与微型空气炮相比，威力大幅提升。通过空气大炮的制作，同学们在巩固所学知识点的同时，也进一步感受到科学技术的奥妙与魅力。

课程学习第五天：课程成果展演。各班级以学习共同体为单位，上台展示空气大炮的制作原理。组织大盒空气炮和小盒空气炮威力对决游戏等，进一步激发学生们的探索热情，提升学习的效能感。

③实施效果

通过课程学习，学生们掌握了“空气大炮”的制作原理和制作方法，每一个同学都体验到了团队合作探究的优势，感受到了科技创新的奇妙，激发了积极探索和研究的热情。

(5)五年级“小葫芦，大魅力”项目课程

①选课意图

葫芦在我们的生活中比较常见，大家都不陌生。在很多神话或传说里，葫芦始终与神仙、英雄为伴，如八仙之一铁拐李、寿星南极翁、济公和尚等都是身背葫芦。葫芦谐音“福禄”，加上多籽，在民间象征着多子多福。小小葫芦大有乾坤，为了深入了解葫芦文化，五年级特开展以“小葫芦，大魅力”为主题的项目课程实践活动。

该项主题课程集语文、美术、音乐、综合实践多学科课程学习活动于一体，充满综合性、实践性、体验性和趣味性，能够让学生完成一次不出校门即能全程参与和体验的实践研究。

②实施过程

课程学习第一天：在语文老师的带领下学生们观察葫芦，搜集葫芦的资料，并制作葫芦名片，分小组讲葫芦的故事、神话及传说。葫芦又被称为“蒲芦”，谐音“福禄”，草本植物。其枝茎被称为“蔓带”，谐音“万代”，故“蒲芦蔓带”谐音为“福禄万代”，是吉祥的象征。葫芦与其茎叶一起被称为“子孙万代”。

课程学习第二天：在美术老师的带领下学生们学习画葫芦。星辰、花朵、城堡、鸟儿……同学们尽情发挥想象，让葫芦画多姿多彩，风格迥异。小小葫芦画，传承大文化。

课程学习第三天：同学们继续在美术老师的带领下进行创意葫芦剪纸。一折一画一剪刀，剪出辟邪祈福的葫芦窗花。有的同学还结合自己的特长在葫芦上进行书法创作，一幅幅灵动的作品便是最动听的祝福！

课程学习第四天：语文老师带领大家进行葫芦诗歌创编。葫芦可以做水瓢，可以做盛放液体的容器等，真是既美观又实用，这么好的葫芦我们不应该用最美的诗歌来赞美它吗？同学们文思泉涌，创作出了许多精彩、励志的诗篇。为了深入体会葫芦勇敢无畏的精神，同学们还在音乐老师的带领下一起学唱歌曲《葫芦娃》，歌曲旋律轻快，朗朗上口。同学们在艺术氛围的潜移默化中增强了班级凝聚力，提高了自我表达、欣赏的意识和素养。

课程学习第五天：师生通过各种形式，展示一周的趣味学习成果：葫芦剪纸、创编诗歌、葫芦画、歌舞表演等。同学们的精彩介绍、丰富呈现赢得了课程评审团的一致好评，大家一起感受到小葫芦的大魅力。

③实施效果

通过一周的课程学习，同学们在动手实践中感受葫芦魅力，对中华传统文化产生了更加浓厚的兴趣和深刻的理解。小小葫芦，内藏天地，福禄吉祥，令人难忘！

(6)六年级“祖国风景由我代言”项目课程

①选课意图

千山万水汇聚传说，名胜古迹书写辉煌。祖国名胜不可胜数，风景之美难以言表。六年级学生已经具备较好的语言表达基础，他们对祖国名胜古迹也充满了热情和好奇。师生们一起选定了“祖国风景由我代言”为主题的项目课程。

②实施过程

结合六年级学生的年龄特点和发展水平，本次课程学习以共同体为单位推进实施。

课程学习第一天：学生们跟随老师一起欣赏祖国风景掠影，各共同体商量选定本团队拟研究的风景主题，以“我为____代言”为题创作思维导图。成员们集思广益，拟定项目计划书，初步列出文创产品的设计思路，并进行任务分工。

课程学习第二天：在班主任和美术老师的带领下，同学们一起了解各风景名胜的历史，聚焦风景名胜中最有代表性的部分，进行重点探索研究。在各小组主持人的组织下，小组开始有序制作文创产品的主体结构，一件件构思巧妙的文创产品雏形在同学们手中诞生。

课程学习第三天：各团队交流彼此文创作品的设计制作情况，相互提出有参考性的修改完善意见。大家畅所欲言，碰撞出思维的火花，气氛热烈。在吸纳了众多建议后，各共同体开始对文创产品进行进一步改进和完善，精心装饰产品外观。古今韵味俱有，可谓异彩纷呈。

课程学习第四天：各共同体开始为文创产品撰写解说词，为组织祖国名胜文创产品推介会做准备。同学们穿越时空之门，充满激情与向往，一起发现名胜背后或沧桑或繁华的历史，一件件作品饱含着大家的心意，蕴藏着师生美好的祝福。

课程学习第五天：各班师生进行风格各异的学习成果展示。同学们拿着自己制作的模型、面具、书签和环保纸袋等，以共同体为单位，按照计划有序地进行展示，故宫、长城、颐和园、大明湖……皆在眼前。大家走遍四海，感受中华民族历史的厚重与文化的灿烂。

③实施效果

为期一周的“祖国风景由我代言”项目课程让六年级学生对祖国名胜有了更加深入的了解。学生们切实感受到了祖国名胜古迹的无穷魅力、历史文化的博大精深，为我们的伟大祖国感到骄傲和自豪。同时，共同体的学习方式和经历也进一步培养了学生的合作意识、自主意识和动手实践等综合素养。

总之，年级项目系列课程已经持续推进五年多，积累了较多先进的经验和做法，以上十多项课程案例已经成为学校的传统保留项目。每学期全校学生都在各班主任的带领下，与各学科老师、专业老师、特聘专家、家长等一起协作，参与项目周活动，实现多学科整合、综合性探究与实践。

（三）走班选修自主系列课程

为了落实国家课程改革实施方案和山东省关于实施校本课程的指导精神，从学校、教师和学生的特点和实际需求出发，在课程开发委员会的指导下，学校利用星期五下午的两节课时间，通过学校自主组织、教师自主设计、学生自主选择开设了学校课程——自主选修课程，又叫“自主快乐 Friday”走班选修课程。这是学校课程改革的口号，也是自主选修课程所追求的目标。学期初，学校采用“走班”形式，打破常态下的年级和班级组织，让学生依照自己的兴趣、爱好、特长，自主选择老师和课程内容、形式，做到全体教师人人参与、各展所长，学生人人有爱好、个个有活动，共同为校园文化注入新鲜、向上的活力。该课程全面挖掘校内外各种各样的教育教学优势资源，满足了全校不同水平、不同需求、不同爱好和特长学生的成长需要，促进了学生素质的全面发展，推动了学校素质教育改革的落地，提高了学校教育教学质量。

1.课程内容

自主选修课程涉及的内容丰富多彩，同学们通过自主选择自己喜欢的课程、选择自己喜欢的老师来发展自己的特长爱好，开阔了视野，锻炼了能力。同时，老师每学期会对自主选修课程内容进行迭代更新，让课程保持鲜活力和时代性。比如，2018～2019学年第一学期的自主选修课程有20余种，涵盖文学类、语言类、数学类、艺术类、科技类、体育类、动手实践类、传统文化类等丰富多彩的学科内容，其中数学老师开设了适合低、中、高三个学段的“益智方舟”“益智快车”“益智冲浪”等开发智力、拓展思维的学习内容，语文老师开设了“美文诵读”“共享阅读”等陶冶情操、锻炼多方面能力的学习内容，英语老师开设了“英语金话筒特训营”“英语话剧”“演说家”等内容，还有其他各学科老师开设的“科学实验课”“纸工DIY”“快乐绣绣”“智能编程”“创意美术”“国画课堂”“校园足球”“武术拳击”“跃动啦啦操”“京戏表演”“印象篮球”“绿茵场”“彩墨工作室”“杏林HAPPY”“机器人”“小小吉他手”等各具特色的学习内容。再如，2020～2021学年第一学期自主选修课程有30余种，课程种类更加丰富多样。“共享阅读”“美文诵读”课堂上，书声琅琅、童声欢畅；“英语话剧”“英语金话筒特训营”“演说家”课堂上，学生们妙语连珠、神采飞扬；音乐课堂里，陶笛声声、鼓点铿锵；数独俱乐部、科学实验课堂上，学生们在数学世界中翱翔，在科技梦想中碰撞；“纸工DIY”“快乐绣绣”课堂里，巧手飞舞、心灵舒畅；3D打印、编程课堂里，学生们积极参与，兴致高昂；创意美术、国画课堂里，学生们笔下生花，浓墨淡彩跃动纸上；“校园足球”“武术拳击”“跃动啦啦操”课堂里，学生们汗水和欢呼交织，尽情绽放。

2.课程实施

从最初的教师申报到学生选课，再到开课前的各项准备工作、结课时的展示工作等，自主选修课程的开设凝聚了学校领导和教师们的大量心血和汗水。比如学生如何自主选班、教室如何合理安排、每节课的课时多长以及老师们如何申报、备课上课、课程评价、结课展示等，再比如学生自主选择的两节课存在冲突问题、有的课程时间不合理问题、学生变更教室的安全问题等，领导们都费尽心思进行调整、再调整，协调、再协调，最终确定在星期五的下午开展走班选修自主课程。

学校自主选修课程有着隆重的开课和结课仪式。自主选修课程一般在秋季和春季学期开学的第三周周五下午开课，全体走班选课学生和课程教师集合在国旗广场。首先由教学研究中心主任现场宣读选课学生名单。随后，校长结合上课注意事项，从安全第一、文明言行、原样交接、团结协作四个方面对学生进行着重提醒。最后，大家跟随自己的选修教师进入对应的课程教室开始自主选修课程学习。自主选修课程一般在期末考试月前一周结课。选修教师会做课程的总结分享，孩子们津津有味地听着，频频举手表达自己的观点。有的老师还为孩子们精心准备结课礼物，大家一起期待着新学期与选修课的再相逢。

3.实施成效

自主选修课程是学校自建校以来沿袭至今的特色系列课程之一，也是奥龙学子走班选修学习最欢乐的时光。每每到星期五的下午，我们就会看到同学们兴奋地背起书包到指定教室上自己喜欢的课程，老师们拿起讲义、胸有成竹地走进自己的课堂，开始兴致勃勃地组织课堂。缤纷多彩的自主选修课程是学校开学课程的延伸，也是和润教育品牌的重要特色课程之一，彰显了奥龙小学“和合共进，润心育人”的核心理念和“和润童年，点亮一生”的教育愿景。它是老师们展示自我、发挥特长的舞台，更是孩子们自主选择、自我成长的平台。它让学校充满勃勃生机，百花齐放，让每个学生都能成长为“爱学习、向未来”的阳光少年。

（四）体育教育特色项目课程

体育教育不仅传授学生运动技能，增强学生身体健康，而且肩负着培养学生良好精神意识、打造优秀心理素质的重任。现阶段，小学教育必须充分重视体育教学所发挥的不可替代的作用，并不断完善体育教学模式，促进体育教学的发展。

自2012年9月建校，奥龙小学始终坚持“健康第一”的指导思想，将体育健康教育工作的重点放在培养每一名奥龙小学生坚持锻炼的好习惯并促使他们养成终身锻炼的意识和能力上。近两年，初步确立了“1234设计，一体化高效实施”的体育教育工作设计规划，逐步构建形成了以“年级项目式”设计、“目标驱动式”推进、“全员参与式”实施和“家校协同式”督促为主的大课间活动实施工作方案，聚焦体育教育“教会、勤练、常赛”的理念和举措，逐步完善“健康知识＋基本运动技能＋专项运动技能”的体育教育模式，促进学校“立德树人”根本任务的高效落地，推动学校体育教育与其他教育的有机融合和相辅相成，致力于培养“有梦想、有力量、赢未来的阳光少年”。

1."1"即一个目标

"让运动成为习惯,让健康陪伴一生",是奥龙小学实施体育教育的基本目标定位。通过体育教育工作的科学设计与高效实施,促进每一名奥龙小学生养成"爱运动,会运动,能运动"的意识和习惯,以实现每个人在小学阶段能够掌握6种以上(每个年级至少1项技能)的基本运动技能和2～3种专业体育运动技能的目标。目标的落实与达成过程也是增强学生体质以及促进学生身心健康、人格健全和全面发展的过程。

2."2"即两类课程

各项育人目标的实现需要课程的承载和实施落地。"两类课程"主要是指学校面向全体学生开设的基础体育课程和选修体育课程。

(1)基础体育课程:规范、高效实施

基础体育课程是学校完全按照国家课程相关规定开齐开全、规范实施、扎实落地的,注重基础体育知识和技能的教学与训练、体育基本素养的培育和指导,由学校体育教研团队集体备课、深度研讨,以确保体育课堂教学的高效和规范。

(2)选修体育课程:自主、多样选择

选修体育课程又分为面向全体学生的自主选修课程和面向延时服务学生的社团选修课程。每周五下午的两节课是全校的自主选修校本课程时间,每一名学生都可以打破班级界限,选择自己喜欢的两门课程参与学习。全校30余类课程中,体育活动类占了近10种。周一到周四下午延时服务时段,由学校体育老师结合个人专业优势开设社团选修课程,让下午参加延时的学生有机会继续参与学习和锻炼,大大丰富了学生的日常学习内容,激发了学生的参与热情。课程内容涵盖足球、篮球、排球、棒垒球、橄榄球、武术、健美操、排舞、啦啦操等多个门类,供学生自主选择和学习,对于拓展和提升学生的优势和体育技能起到了很好的促进作用。各类体育校队的专业提升课程,对于具备一定基础或优势的学生的专业体育技能的训练和提升起到了推动作用。奥龙体育小将们多次在全区各类体育赛事中获得佳绩,展示出积极向上的体育精神和优良风貌。

3."3"即三项间操

"3"即三项间操,是指每天上午大课间早操、下午大课间年级项目操练和每两节课间的室内活动操。这是奥龙小学每日校内"至少一小时"体育锻炼活动的基本保障和落实，主要采用“年级项目式”设计、“目标驱动式”推进、“全员参与式”实施、“家校协同式”督促“四式一体，技炼一致”的形式组织实施。

(1)上午大课间：强身健体，增强健康意识

上午大课间，一般根据季节温度变化，以至少半小时的集体做操或者跑操为主。每天早上，全校师生在操场指定区域集合，低年级跑小圈，中年级跑中圈，高年级跑大圈，班主任在前面领队，跟班老师在后面跟队。嘹亮的口号响彻校园，振奋人心。每天早上的千米跑操既愉悦身心又增强体质，可为接下来一天的学习活动做好充分准备。夏季气温升高，学校会将跑操调整为做广播体操和校园啦啦操。

(2)下午大课间：学练结合，掌握技能

下午大课间的半小时基础体育运动项目以各年级集体体育操练项目的学习和练习为主。为确保每一名奥龙小学生都能掌握基础体育运动技能，为其今后全面发展和社会参与做好充分准备，每学年初，各年级级部都会根据学生能力基础和兴趣优势，自主选定本年级的体育运动项目，向学校申报并有计划地推进实施。为激励学生的学习锻炼热情，学校以月为单位，针对不同项目内容，制订具体的阶段性目标并定期进行班级达标检测。同时，结合每学期运动会、班级联赛展评等融合推进项目，确保学生全员参与、全部达标落地。一年至少推进一个项目，小学六年下来，每一名学生可以掌握6种乃至更多的基本体育技能。这样的学习过程中养成的运动习惯与体育技能可以陪伴学生们的一生。

各年级确定好运动项目内容后，学校体育组和年级组长会综合考虑商定每个项目难度、该项目年级学生的年龄特点和能力水平等，制订每个项目不同阶段的具体达标标准，并以月为单位，通过年级互测、学长助测、每月班级达标展评等多元评定，督促达标检测，重在督促每一名学生通过日常的学习和练习都能实现该项体育技能的基础指标。当月月底，学校会统一组织大课间阶段性测评，根据各班、个人达标情况，学生可以更清晰地了解自己的练习效果，确立新的目标，持续不断地提升自己的技能。这样及时的测评跟进能够更有效地督促学生养成良好的习惯，更好更快地掌握该项运动技能。

在每月阶段性达标时，更高水平的学生可以通过拓展目标来实现自我

挑战，高水平的学生可以进入校队进行专业提升训练及参加相应比赛活动等。例如，一年级的跳小绳，从最初的不会跳到会跳，再到跳好、跳多，掌握个体单人跳技能后，可以继续练习双人跳、多人跳、花样跳等。再如，五年级的踢毽子，从第一个月每人一次连续踢 5 个达标，到第二个月连续踢 8 个、第三个月连续踢 10 个等，到第二学期尝试花样踢毽子、组合踢等，从数量、难度等方面逐层递进，确保每一名学生都能掌握基本技能。同时，结合每学期运动会、班级联赛展评等融合推进，确保学生全员参与和全部达标（见表 5-1）。

表 5-1　2021 年上半年各年级体育项目指标达标设计

	项目	推进时间	基础目标	拓展目标
一年级	跳小绳	4 月 15 日至 5 月 1 日	男生一分钟 60 个，女生一分钟 80 个	男生一分钟 80 个，女生一分钟 100 个
		5 月 2 日至 6 月 1 日	男生一分钟 80 个，女生一分钟 100 个	男生一分钟 100 个，女生一分钟 120 个
		6 月 2 日至暑假	体质检测跳绳项目 80%的学生达到优秀成绩，20%的学生达到良好成绩	男生一分钟 120 个，女生一分钟 140 个
二年级	拍篮球	4 月 15 日至 5 月 1 日	基本学会篮球操	单手 1 分钟不掉球
		5 月 2 日至 6 月 1 日	熟练掌握篮球操	原地提前交叉运球不掉球
		6 月 2 日至暑假	能够学会直线快速运球、行进间变向运球	行进间单双手交叉运球 1 分钟不掉球
三年级	武术操	4 月 15 日至 5 月 1 日	熟练掌握五步拳和《旭日东升》武操	高标准且熟练地表演五步拳和《旭日东升》武操
		5 月 2 日至 6 月 1 日	熟练掌握少年拳	有力量、有速度地表演少年拳
		6 月 2 日至暑假	熟练掌握三路长拳	有力量、有速度地表演三路长拳

续表

	项目	推进时间	基础目标	拓展目标
四年级	跳大绳	4 月 15 日至 5 月 1 日	人人会跳大绳，完成三分钟跳 60 个以上计时赛	单人连跳 5 个
		5 月 2 日至 6 月 1 日	掌握跳大绳的基本动作和要领，能够集体合作，完成三分钟跳 80 个以上计时赛	单人连跳 10 个
		6 月 2 日至暑假	熟练掌握跳长绳动作，整体流畅，完成三分钟跳 100 个以上计时赛	单人连跳 15 个
五年级	踢毽子	4 月 15 日至 5 月 1 日	80％的同学可以连续踢 5 个及以上	连续踢 8 个及以上
		5 月 2 日至 6 月 1 日	70％的同学可以连续踢 8 个及以上	连续踢 10 个及以上
		6 月 2 日至暑假	60％的同学可以连续踢 10 个及以上	连续踢 15 个及以上
六年级	垫排球	4 月 15 日至 5 月 1 日	完成连续 15 次垫球，最终争取 85％同学达标	完成连续 25 次垫球
		5 月 2 日至 6 月 1 日	完成连续 25 次垫球，最终争取 60％同学达标	完成连续 35 次垫球
		6 月 2 日至暑假	完成连续 35 次垫球，最终争取 40％同学达标	完成连续 45 次垫球

(3)室内大课间：定时活动，愉悦身心

上午、下午每两节课后的课间时段主要进行眼保健操和简短的室内活动健身操。体育老师还专门编排了节奏明快、轻松活泼的班级室内操，以确保学生的基本活动量，既丰富了活动的形式和内容，又能实现课间休息和娱乐。上午、下午各一次的眼保健操对保护学生视力能起到很好的作用。

4.“4”即四大保障

通过内容丰富、形式多样的每日锻炼、当月达标、学期活动、即时评价，坚持“教会、勤练、常赛”的理念和举措，确保各项体育活动工作开展的科学性、有序性和高效性。

(1)每日锻炼:强身健体养习惯

身体素质和运动技能的锻炼与提升不是一朝一夕就可以实现或者持续保持的，需要日复一日的学习、练习和强化。学校体育活动的实施与推进更是这样。根据一体化总体规划方案，学校持续推进体育活动，各部门联手，主任包干到年级，全体任课老师跟班至每一个班级，每天按时开展跑操、做操、做眼保健操、进行年级体育技能学习和练习等。当然，为了更好地提升锻炼学习的效果，学校还专门结合各年级项目内容，面向全体学生设计布置了适量可行的“家庭体育作业”。学生回到家中不仅可以自己坚持锻炼，劳逸结合，而且可以“小手拉大手”，与家人一起做运动，既养成坚持锻炼的良好习惯，又助力亲子沟通与家庭和谐。

(2)当月达标:坚持练习学技能

体育老师和班主任老师根据学生身心发展特点，帮助学生确定每个月的锻炼目标。具备“高水平”实力的学生，可以通过“拓展目标”来实现自我挑战。体育运动的核心目标是强身健体、不断超越。学生在进行体育运动的同时，可以不断向自己发起挑战，不断突破自己的极限，在完成挑战的同时可以享受成功的喜悦和敢为人先的成就感，锻炼自己的意志品质。优秀学生的带动作用巨大，可激励更多的学生努力锻炼，不断挑战自己、突破自己。

(3)学期活动:定期展示共参与

学校每学期都会组织春季(秋季)运动会、体育运动竞技月、班级联赛等，大力发展学生体育运动能力。一般情况下，春季学期运动会是以“田径项目”为主要内容，通过竞赛的形式培养学生的竞争意识、团结意识、规则意识。学生可以通过练习学到更多体育知识，拓宽视野。秋季学期运动会以集体性趣味项目为主，结合各年级运动技能项目展评、常规路队和队列队形、各类课间操展示等统筹组织开展。班级联赛一般是以年级段为单位，开展各类友好竞技展评活动，如根据各年级所选择的运动项目开展多个班级之间的对抗赛，在年级间进行联谊赛等，充分激发学生的参与热情、集体荣誉感等。多种多样的班级联赛活动寓教于乐，也是团队共建，增强学生的协作精神和意志品格，成效突出。

(4)即时评价:激励成长促提升

通过及时的评价激励,督促学生坚持不懈地参与和持续不断地努力,是教育教学非常重要的手段和策略。学校体育活动的一体化推进实施,当然也需要评价这一“指挥棒”和“加油站”的及时引领、不断鼓励。为此学校评、老师评、同伴评、家长评,多元推动,结合学校“1234梦想阶梯”评价机制中少先队员“红领巾奖章”争章活动的开展,评个体、评团队,争“健体章”“团结章”等,家校携手,共同润育和督促学生。也正是这样协同育人的做法,对学生预防肥胖、掌握技能等起到了很好的基础和保障作用。

“让运动成为习惯,让健康陪伴一生”是奥龙小学体育教育工作始终坚持的理念和目标,更是奥龙小学高质量办学成效的重要体现之一。“每天锻炼一小时,健康工作五十年,幸福生活一辈子”是我们对奥龙学子的祝福和期待,是我们奥龙人不懈的追求与梦想。和合共进,润心育人,让我们继续携手奋进,再创育人新品牌!

(五)劳动教育系列课程

1.课程背景

劳动教育是济南高新区奥龙小学坚持“全面培育,五育融合”的重要举措和内容之一。学校一直重视劳动教育的深入开展和推进实施,把劳动教育纳入学校教育教学全过程和各个层面,贯穿家庭、学校、社会各方面,把握育人导向,遵循教育规律,创新体制机制,注重教育实效,实现知行合一,促进学生形成正确的世界观、人生观、价值观。学校结合办学优势和学生发展需求,设计“劳动最光荣”主题系列课程,定期为低、中、高年级段学生确定不同的“劳动清单”,结合主题项目式学习、班级劳动周、家庭责任田等,实现培养“劳动意识”、发展“劳动技能”、养成“劳动习惯”、形成“劳动价值观”的核心育人目标,逐步构建起以“课程化”设计、“清单式”落地、“项目制”推进为典型举措的劳动教育育人体系架构,助力学校劳动教育的推进。

2.课程目标

(1)学校层面

初步形成劳动教育课程体系框架,创建劳动课程特色品牌,以丰富充实学校特色课程品牌。

(2)学生层面

培育学生基本的劳动素养,引导学生树立正确的劳动观念,热爱劳动、参与劳动,具备一定的劳动技能,培育积极的劳动精神,养成良好的劳动习惯和品质。

(3)教师层面

培养教师校本课程开发与设计的意识和能力，提高学科间课程资源整合水平。

3.课程内容

依据学校实际情况，结合学生的身心发展特点，2018 年学校开发了“劳动最光荣”主题劳动课程，按照《中共中央　国务院关于全面加强新时代大中小学劳动教育的意见》对劳动教育内容领域的划分，分别从培养学生“自理自立”“动手实践”“家务劳动”“公益劳动”四个维度来进行规划和设计，为低、中、高三个年级段制定了“劳动清单”。根据“劳动清单”，月月都有劳动主题，每学期每名同学应至少掌握四项劳动小技能(见表 5-2)。

表 5-2　奥龙小学 1～6 年级学生劳动素养养成一览表

一、二年级			
劳动类别	具体内容	具体标准	评价方式
自理自立	整理着装	1.穿戴整齐 2.会独立系鞋带 3.会系红领巾	据“劳动清单”，月月有主题，家校联动、合作共育。学生通过班级群打卡、班级小竞赛、教师评价、家长反馈等形式，在班级劳动评比栏进行积分，最终全部达标的学生获得“劳动标兵”荣誉称号
	整理书包	1.书包干净无明显污渍 2.书包内物品有序分类 3.物品摆放整齐	
动手实践	变废为宝	1.作品新颖有趣 2.有实际利用价值	
	养护绿植	1.爱护植物 2.定期养护	
家务劳动	整理餐桌	1.餐后清理桌面 2.桌面物品摆放整齐	
	叠放衣物	1.掌握叠衣服的方法 2.有序分类收纳	
公益劳动	学用工具	1.学会使用笤帚、簸箕 2.使用后归还原位	
	摆放桌椅	1.桌椅摆放整齐 2.间距相等	

续表

三、四年级			
劳动类别	具体内容	具体标准	评价方式
自理自立	整理书桌	1.保持书桌整齐干净 2.定期擦拭书桌 3.学习用品摆放整齐,学会归纳整理	据“劳动清单”,月月有主题,家校联动、合作共育。学生通过班级群打卡、班级小竞赛、教师评价、家长反馈等形式,在班级劳动评比栏进行积分,最终全部达标的学生获得“劳动标兵”荣誉称号
	整理床铺	1.会叠被子,并养成习惯 2.学会铺床单,整理被面	
动手实践	巧煮米饭	1.了解厨房设备的使用方法、注意事项 2.学会用高压锅或电饭煲煮米饭	
	巧手种植	1.能学会种植一种植物 2.能按时浇水、施肥并养护其长大	
家务劳动	清洗碗筷	1.学会收拾并清洗碗筷 2.有序分类,摆放回橱柜	
	清洗衣物	1.学会清洗内衣、袜子等小件衣物 2.掌握基本的清洗步骤	
公益劳动	拖地清洁	1.学会拖地的基本步骤 2.拖地后及时清洗拖把并有序放回原处	
	打扫校园	1.积极参与学校公益劳动 2.将校园内公共区域打扫干净	

五、六年级			
劳动类别	具体内容	具体标准	评价方式
自理自立	整理房间	1.能够将物品有序地摆放 2.能够定期打扫清洁,保持房间整洁	
	刷鞋洗衣	1.学会清洁小件衣物、刷洗鞋帽 2.能够做到干净整洁,节水环保	

续表

劳动类别	具体内容	具体标准	评价方式
动手实践	缝制沙包	1.学会穿针引线,剪裁布料 2.能够缝制成型	据“劳动清单”,月月有主题,家校联动、合作共育。学生通过班级群打卡、班级小竞赛、教师评价、家长反馈等形式,在班级劳动评比栏进行积分,最终全部达标的学生获得“劳动标兵”荣誉称号
	种植花生	1.了解种植花生的基本步骤 2.能进行科学种植 3.能定期养护,结出果实	
家务劳动	做饭炒菜	1.能做好择菜、洗菜、淘米等准备工作 2.学会烹制简单的饭菜,如煮面条、蒸米饭、炒鸡蛋、拌凉菜等	
	使用电器	1.了解一些家用电器的基本操作方法 2.能够安全并正确地使用电器,如微波炉、洗衣机、电饭煲等	
公益劳动	志愿扫除	1.能积极主动地清理校园内外的环境卫生 2.能将校园内外环境卫生打扫干净	
	公益活动	1.至少参加一项社会公益活动,如慰问敬老院、爱心义卖、小区卫生打扫等 2.能体会公益活动所带来的快乐和意义	

4.课程实施

(1)“班级劳动周”专题推进

“班级劳动周”是学校自 2018 年年初至今于每个学期为各个班级设定的专门参与各类劳动体验和实践的固定劳动时间,一般由每个周负责升旗的班级参与劳动周活动。每周五下午的 3:30 至 4:10 是全校师生共同参加劳动体验的时间。例如金秋十月,六年级的同学会结合时令和校园文化建设内容,在学校种植区域分小组种植小麦,充分体验农事劳动的乐趣。同时,每周一升旗仪式上都设有“劳动乐分享”的环节,届时上一个劳动周的学生播报员会分享自己班级在劳动活动中的体验与收获,并进行班级间“劳动最光荣”劳动旗帜的传递，寓意劳动精神永不停歇。

(2)“项目课程周”有机融合

每学期在班级主题项目课程周，在班主任、各学科老师的共同引领下，全体学生会选定一个下午的时间专门进行劳动专项技能的学习和拓展，比如开展缝制沙包、制作中国结、扎染等劳动实践课程的学习。

(3)“好习惯养成”巧妙渗透

奥龙小学把劳动课程与学生日常生活、家务劳动、学校值日等活动相结合，并将其贯穿于学生好习惯养成的方方面面。比如，低年级学生进行的整理书包大赛，中高年级学生进行的“众厨芳”做拿手菜等活动，不仅提升了学生的劳动技能，还培养了学生爱劳动的好习惯。

(4)“五个一”素养深入推动

在学校规划设计的各年级一级一品“五个一”素养培育计划中，各年级也都把“一技”与劳动课程相结合，引导学生完成具有一定挑战性的劳动内容。如有的年级安排学习了“巧手编制中国结”，学生不仅加深了对中国传统编织的理解，更收获了满满的劳动乐趣。在“五个一”素养培育中，学生的劳动技能得到进一步加强。

(5)“主题活动”整合拓展

结合时令和相应的主题活动，学校开展了丰富多彩的劳动课程。例如，在每年的春季，学生会结合植树节主题活动，进行“年级责任田”的劳动种植；在每年的秋季，学生会进行小麦等农作物的种植体验活动；在丰收的季节，学生会进行摘杏子、摘山楂、刨地瓜等劳动体验，感受收获的喜悦。

(6)“家庭责任田”和合共育

结合劳动教育和校园绿化、美化种植整体规划，学校构建了家校协作共育体系，为学生和家长创建了亲子共处的阵地与平台。学校本着自愿报名、安全第一、开放合作、共建共育的原则，在校园开辟出种植小区域，凡本校学生皆可自愿报名认领“家庭责任田”。各责任家庭可以根据学校总体安排，利用周末、假期等时间到校对各自认领的“家庭责任田”进行种植和养护，家庭成员共度美好时光。这也是学校开放办学、共育德智体美劳优秀奥龙学子的又一创新举措。

学校“开心农场”第一期的家庭责任田“招募令”一发布，来自 13 个班级的 18 个家庭成功“秒杀”，成为本期“家庭责任田”的“农场主”。为了保障该项工作的顺利、有序和高效推进，学校专门召开了奥龙小学“家庭责任田”认领推进工作会，并为认领家庭颁发了认领荣誉聘书，发放了入校种植养护责任田的“通行证”。每块“家庭责任田”上都已经插上了以孩子班级和姓名命名的标志牌，周末“家庭责任田”的“农场主”就可以凭证入校，对责任田进行定期养护。尹怡华校长表示，这既是家校合作的完美体现，也是让学生们在周末、节假日和家人走进校园，体验农耕文化，共享劳动成果的良好契机。

5.课程评价

为切实发挥劳动教育的育人效益，充分实现学校“五育并举”功效，结合济南市发布的《加强中小学劳动教育行动方案》指导精神，奥龙小学在劳动教育实施过程中，巧妙地与少先队“红领巾奖章”评价激励举措相结合，将学生参与劳动实践体验、劳动技能学习等作为学生全面成长的必备目标进行设计，初步完善“和润”奖章的争章活动，以促进学生劳动素养的全面养成和综合素质的提升。

在学生参与劳动课程学习和体验的过程中，将过程性评价和结果性评价相结合，融入学生自主评、小组评、老师评、家长评等多元化、多角度评价方式，设计出“劳动技能学习小档案”和“我是劳动小能手”劳动评价清单，在学生劳动课程实施过程中起到了非常好的评价激励作用。

6.实施成效

(1)课程框架初形成

通过对劳动课程的开发和实施，独具特色的劳动课程内容体系框架初步形成，为创建特色课程品牌奠定了基础。

(2)劳动素养有提升

通过该课程的设计与实施，学生切实增强了劳动意识，提升了劳动技能，体验了劳动带来的喜悦和成就，体会到了劳动人民的艰辛，感悟到了大自然的奇妙，理解了人和自然的和谐相处，增强了自身的创新实践能力，丰富了校园生活，进一步激发了劳动热情。尤其是在家务劳动、公益劳动的实践中，形成了“大手拉小手，小手牵大手”，家校、社区共育、共同参与的“生活化”“活动化”育人氛围。

(3)教学融合促创新

对劳动课程教育教学方式、内容的整合与融合，有效实现了多学科的资源整合，提升了跨学科育人效果。例如，语文老师及时指导孩子记录劳动感受和劳动体验，提高了学生的写作水平；在巧手种植中，培养了学生认真、细致、科学的观察习惯和态度；找寻劳动主题背后的故事活动则激励着学生了解祖国传统文化，激发了孩子的爱国情怀。

(4)初步探索见成效

劳动教育课程的系列设计与实施探索，既对学生培育、教师成长起到了很好的促进作用，也带动了学校各层面工作的全面开展。比如，学校绿色生态建设、文明校园建设、德育品牌建设等，都在学校成功入选山东省省级文明校园、山东省绿色学校、山东省河湖长制进校园示范学校的过程中发挥了很重要的支撑作用。

7.典型经验共分享

2021 年 4 月 29 日，由济南市教育局主办的济南市中小学劳动教育专题推进会暨第一次现场交流会举行。在本次会议中，济南市中小学家庭劳动教育清单及首批市级劳动教育实践基地正式对外发布。济南高新区奥龙小学尹怡华校长代表高新区学校参加了专题论坛并作了《课程：让劳动教育真实发生》的主题演讲，将奥龙小学实践劳动教育的典型举措向全市兄弟学校进行了推介分享，得到了大家的一致好评。

(六)“五个一”素养系列课程

依据《教育部关于深化基础教育课程改革　进一步推进素质教育的意见》，学校建立大课程的教育理念，丰富学生校园文化生活，培养学生求真、爱美、积极、乐观的高尚情操和日常音乐素养，倡导各年级建设个性化文化氛围。根据学校整体规划设计，奥龙小学自 2020 年起开始确立了各年级一级一品“五个一”学生素养培育计划。“五个一”素养即一梦、一歌、一体、一艺、一技，旨在引领学生自主学习、自主实践、丰富学识、锻炼能力，养成良好习惯，进而形成热爱劳动、热爱运动、关爱他人、勇于实践、敢于创新等情感态度与意志品质。

1.“一梦”——心有所梦，有目标

梦想是追求的目标，梦想是力量的源泉。自 2020 年起，每年秋季学期开学第一天，都是全校师生为自己确定新学年目标的特定时刻。学生们认真思考并写下自己的梦想，将其贴在班级梦想墙上；经过一年的努力，在来年的六一儿童节成长日，学生们在自己的“梦想足迹”卡上写下自己在实现梦想过程中的难忘瞬间，并邀请自己的朋友、老师或家长写下对他们的期望和祝福。学生们带着满满的自信和幸福放飞自己的梦想。这也是见证奥龙师生实现目标、放飞梦想的时刻。该项目重在引导全校师生永怀梦想，心存希望，成为有梦想、有力量的新时代的追梦人！

2."一歌"——歌声嘹亮，展风采

学校每天下午的"每日一歌"项目就是提升"五个一"素养之"一歌"的重要举措之一。学校音乐提示音响起，各班学生全体起立，领唱在前面带头，嘹亮的歌声瞬间传遍美丽校园，仪式感满满。伴着歌声与旋律，学生们得以熏染和浸润，对于良好精神风貌的形成起到了很好的促进作用。

选择的歌曲分为两个部分：一是必唱歌曲。学校根据"和""润"的育人理念，选择了慷慨激昂、乐观向上的歌曲《我相信》为必唱歌曲，旨在让自信、积极、乐观的良好品质浸润到学生成长道路中。二是选唱歌曲。根据实际情况和艺术的多样性原则，各年级主管与班主任根据学生的年龄特点，与学生共同商定适合本年级的演唱曲目。其中，一年级刚入学，梦想刚刚起航，选择了《我也有个中国梦》；二年级结合爱国教育精神，选择了朗朗上口的《中国么么哒》；三年级选择了风格活泼的《生长吧》；四年级选择了温暖感人的《让爱传出去》；五年级和六年级共同选择了铿锵有力的《少年中国说》。每到歌唱时间，学生们都端正站姿，跟随旋律放开歌喉，大声歌唱。此起彼伏的旋律响彻整个奥龙校园，动人的歌词、振奋的旋律与同学们整齐嘹亮的声音，充满了积极的能量。一首首歌扫去了午休后的沉闷，让坚定与自信充满了学生们的内心，为同学们下午的学习积蓄精力，为他们的明天增光添彩。

3."一体"——特色体育，健体魄

为全面落实"双减"政策，促进学生全面发展、健康成长，确保每一名奥龙小学生都能掌握基础体育运动技能，每学年初，学校各年级都会根据学生能力基础和兴趣优势，结合本年级"五个一"素养培育目标，自主选定体育运动项目(见表 5-3)，向学校申报并有计划地推进实施。

表 5-3　2021～2022 学年自主选定年级体育运动项目

	项目	选择分析
一年级	跳小绳	便于一年级学生掌握，有助于促进学生的发育与成长，培养学生的节奏感和平衡感

续表

	项目	选择分析
二年级	拍篮球	学习起来难度较低，有助于促进学生骨骼生长，增强团结意识，训练神经系统的反应力与协调性
三年级	武术操	三年级学生有一定经验，具有一定的规则意识，愿意学习具有一定挑战性的任务
四年级	跳大绳	四年级学生已有多年跳小绳的基础，跳大绳能锻炼心肺功能和左右脑，培养学生的团队意识
五年级	踢毽子	简单易学，趣味性强，能促进学生全身功能的协调，有助于增强学生的心肺功能
六年级	垫排球	垫排球特有的锻炼形式能够磨炼意志，提高人体免疫力，为初中排球教学奠定基础

为保障项目的有序推进和高效落地，学校统筹规划，结合体育健康教育总体规划推进实施，逐步形成以“统筹推进式”管理、“年级项目式”设计、“全员参与式”实施、“目标驱动式”推进和“家校协同式”督促为主的“五式一体”运行机制。五大举措相辅相成，互相促进，循环提升。

(1)“统筹推进式”管理

学校专门成立以校长为组长的年级体育特色项目推进专班，通过以校长和副校长、各包干干部、各年级组长、各班主任和任课教师为架构的四级层层跟进管理机制，实现统筹管理与运行。通过“5＋1＋1”集体教研保障机制，即由包干干部牵头各年级学段每周 5 次(每天 1 次)短时集中反馈研讨、由各年级组长牵头组织每周至少 1 次集体研讨、由各年级体育教师牵头组织每周至少 1 次学科教研，定期对项目推进和成效进行过程把关和动态指导。同时，采用即时评价、每日一练、每周一报、每月一测等多种形式开展评价，保障各阶段目标达成。

(2)“年级项目式”设计

根据各年级学生年龄特点和锻炼需求，选择简单易学、操作性强、普适性强的基本体育项目内容进行顶层设计；在具体实施中，坚持“学、练、赛”一体化教学，以年级为单位，以体育老师、年级组长和班主任为主，协调分工，跟进管理和评价。

(3)“全员参与式”实施

对于年级项目，全体学生全程参与，全体教师共同陪伴参与，全体家长督促跟进参与。体育教师负责项目的集中教学和专业指导，各班主任和副班主任协作组织，全体教师跟班共同锻炼；居家期间家长督促，亲子共锻炼。

(4)“目标驱动式”推进

根据学生身心特点及运动项目特点，设定各年级项目阶段性目标，引领促进学生逐步掌握各项技能。每月月底，班主任和体育老师组织达标测评，让学生更清晰地了解自己的练习效果，以便下个月确立新目标，持续提升。具备“高水平”实力的学生可通过“拓展目标”实现自我挑战。

(5)“家校协同式”督促

学校专门面向全体学生设计适量可行的“家庭体育作业”，让学生与家人一起做运动，培养家庭共运动的好习惯，助力亲子沟通和家庭和谐。同时，通过自评、师评、家长评、展示互评、达标评定等，多元激励推进；结合学校“红领巾奖章”机制中的“健体章”“团结章”等争章活动的开展，评个体、评团队，家校携手，共助身体健康。

4.“一艺”——艺术课程，巧实践

一直以来，在学校和润课程体系规划实施中，艺体组的老师们在夯实常规课程的基础上，依托教师特长，整合学校内部和社会资源，开发和完善了绘纸伞、彩泥雕塑、吃火锅、创意美术、特色球类、非洲鼓、啦啦操等特色品牌课程。各年级根据学生特点，结合现有教师队伍专业优势或班级专业资源优势，由年级组长或班主任牵头，每学年至少选定一项艺术技能安排学习，以确保每一名学生在学期末都能以一项可以呈现的艺术技能或物化作品进行呈现。以2020～2021学年第二学期五年级为例，该年级在“一艺”素养课程推进中，以“纸浆画”为主题进行学习。在美术老师的指导下，学生们寻找生活中常见的材料，利用传统的彩泥、绘画、纸工等美术材料与技能，结合“中国共产党成立一百周年”的主题，进行学习和创作。最终，学生不仅掌握了一项基础的艺术创作技能，而且锻炼了多项综合素养。

5.“一技”——劳动技能，好习惯

劳动能够磨炼人的品质，也是小学生在成长道路上必须具备的重要品质之一。2020年，在一级一品“五个一”素养培育计划中，各年级都把“一技”与劳动课程相结合，把劳动课程与学生日常生活、家务劳动、学校值日等活动相结合，并将其贯穿于学生好习惯养成的方方面面。

在此，以四年级“巧手编制中国结”为例，对“一技”进行简要介绍。为了让同学们更加深入地了解和感受中华传统文化，四年级的两位班主任精心备课，课前做了充分的准备。课堂上，师生首先一起了解了中国结的由来、种类以及用途，接着老师为大家展示了12种中国结的编织方式。精巧多样的中国结让同学们连连惊呼，感叹古人的智慧。随后，开始了本次活动的重头戏：现场教学两种中国结——吉祥结和平安结的制作方法。制作吉祥结的方法较为简单，一根红绳三缠两绕，手指翻飞间，一只红彤彤、小巧精美的中国结就完成了。大部分同学在老师的指导下都能够做出一个漂亮的吉祥结。但是平安结的制作方法就要复杂一些了，线头穿来穿去，把大部分同学都绕晕了，还好有老师的耐心指导和示范，同学们两两配合，最后都做出了平安结。看到自己制作出的精致作品，同学们对中国结蕴含的祝福自豪不已，对中华传统文化肃然起敬。一根丝线，连接你我。通过此次学习，学生们不仅加深了对中国传统编织的理解，更收获了满满的劳动乐趣。

在“五个一”素养培育中，学生的劳动技能得到了具体指导和培养，动手实践能力等综合素养得到了进一步提升。

（七）引桥衔接系列课程

自建校以来，学校一直注重幼小及小初衔接教育，把“全学段衔接”作为学校教育教学重点工作，整合片区内各类资源，分别与片区内幼儿园、初中建立幼小衔接共同体、小初衔接共同体，推进学校引桥课程高效落地、衔接教育高效实施。通过搭建教育“引桥”，减缓学段“坡度”，助力身心“过渡”，促进前后学段“双向奔赴，无缝衔接”，携手关爱学生成长，共同为学生全面发展蓄势、铺路、护航。尤其是从孩子的习惯、认知、能力等方面入手，助力学生对学段变换的适应，在各个方面培养良好习惯。学校还以遵循儿童身心发展特点和教育规律、强化衔接意识为原则，多次升级引桥衔接系列课程，与片区幼儿园、对口初中做好全链条联合教研，坚持实践化创新，推进开放式宣传，创优全环境育人。

1.课程设计

（1）聚焦核心问题，做好顶层设计

把“幼小衔接共同体”“小初衔接共同体”作为学校教育教学重点工作内容，通过座谈、调研等多种形式梳理幼小衔接、小初衔接核心问题，把握跨学段问题所在，厘清跨学段引桥需求，通过顶层设计与科学规划，结合衔接的目标，整体设计衔接教育课程。

(2)坚持科研引领，提高联动实效

为了确保引桥衔接工作的科学性，学校认真组织学习上级文件精神，加强理论学习，集中整合全段教育的衔接思路，汲取衔接工作的好做法、好经验，实现资源共享和合理利用，探索衔接教育的方法和措施，为送课进园(校)做好充分准备。

(3)采取多种形式，全面开展衔接活动

在教育衔接实践中，学校聚焦身心、生活、学习和社会四个维度，从升学准备与入学适应两个方面，科学地做好统筹规划设计。合理开发引桥课程、新生入学指南，以专家入校讲座、教师入学适应讲座、优秀学长引领介绍、学生互访、新生适应性训练、开学第一课等方式全面开展教育衔接活动，积极落实学校全段衔接课程以及国家对教育高质量发展的要求。

2.课程实施

(1)定期开展联合教研

学校围绕儿童的心理准备活动、习惯准备活动、生活习惯活动以及学习习惯活动等，对具体教研内容进行系列化专题设计与研讨。例如，开展关于提升儿童的自主力、专注力、沟通能力、时间管理能力以及语言表达能力的专题研讨，关于儿童入学前语言、思维、多元文化能力提升的专题研讨，关于儿童日常读书、阅读认字的专题研讨。

(2)提前入校，熟悉了解环境氛围

每年学校都会组织从幼儿园走进小学、从小学走进初中的毕业班学生参观校园，让他们感受新校园环境和氛围等，提前做好心理准备。尤其是为了更好地做好幼小衔接，学校还会安排小学低年级的老师们走进幼儿园大班的教室，开展为期两周的小学课堂过渡适应教学，帮助儿童提前了解小学课堂的特点和基本日常流程、规则等；同时，学校也会主动邀请初中领导、老师进小学，为六年级毕业班的学生及家长举办讲座指导，帮助学生快速了解初中学习特点和规则等，以促进小升初的阶段性平稳过渡。

(3)家校合力，共助学段适应

无论是幼升小还是小升初，除了学生心理层面的顺利适应，还有家长们的适应。不管哪一个阶段的教育，没有家庭教育的参与和配合，就不可能有高效的教育成效落地。依托学校心理健康教育系列工程的推进，通过专家入校讲座、视频号“养教有方”专栏等，实现了衔接学段家庭教育系列指导从“课堂”到“课程”再到“课程化”的不断进阶升级。同时，学校依托社区资源，通过新闻媒体、社区、各班（园）级 QQ 和微信群以及幼儿园、小学、初中公众号等向家长和社会宣传幼小衔接、小初衔接培育活动，营造全学段衔接工作的浓厚氛围，家、校、社共同助力引桥衔接教育课程的落地。

3.具体举措

（1）与片区幼儿园携手开展幼小衔接活动

邀请片区幼儿园大班的老师和孩子们入校，一同参与学校的主题升旗仪式和一年级精彩课堂，聆听入学指导讲座，参观学校常规教室、多功能教室等，欣赏哥哥姐姐的各种展演和物化作品等，让孩子对小学生活充满期待并愿意为入学而努力做好各种准备。

（2）与片区对口中学携手开展小初衔接活动

每年 6 月，学校都会组织六年级全体学生到对口初中学校进行实地参观体验。通过参观初中校园、特色功能室，聆听初中学科教师小初衔接指导讲座，听学哥学姐介绍初中学习与生活等形式，小学毕业生们可以初步了解初中学校的环境特点、办学特色，掌握小初学科差异、衔接建议，更全面、更直观地了解中学，以积极的心态迎接中学生涯的到来。通过衔接活动，学生们对初中的学习生活充满期待，为顺利迈进初中奠定良好的基础。

（3）邀请专家开展小初衔接家长讲座

为帮助小学毕业班的学生们做好小初衔接的准备，引导学生们顺利度过适应期，学校专门设计了面向家长的学段衔接指导讲座，学校、家长、教师多层面助力学生做好学段适应。同时，邀请片区对口初中学校领导、教师开展面向家长的指导讲座，就家长的身心状态调适、家长普遍关心的或者需要重点做好的各类衔接问题进行指导，化解家长焦虑，家校协同，共同做好学段衔接。

（4）“养教有方”栏目助力学段衔接

每年暑假在学校微信公众号平台，学校会专门推出“养教有方”栏目，由校长、骨干教师、专家等推送系列“家长课堂”。老师们会聚焦相关话题进行分析和梳理，通过微视频形式进行推送，给有需求的家长们以最接地气的指导和帮助，充分发挥好暑期时间过渡优势，指导家长引领孩子养成各种良好的学习、生活习惯，快速做好学段过渡准备。

随着社会和教育的快速发展，关于学段适应的各类课程、举措也更加丰富多样，可以结合学校实际继续完善和丰富，共同助力学生健康成长与发展。

第二节　浸润德育，同向同行

一、德育一体化简介

（一）德育一体化概述

立德树人是学校教育教学工作的重要组成部分，是素质教育的核心。探索适应新形势和学生实际的德育模式，构建全科、全员、全程、全方位的德育一体化育人体系是学校德育工作的重要任务。

济南高新区奥龙小学遵循小学生年龄特点和成长规律，将德育建设与学校教育教学相融合，充分发挥山东省教育厅课改立项项目、省级心理健康教育特色学校等项目优势，将课程思政引领、身心健康培育、学生好习惯养成相融合，构建课程思政、身心健康、习惯养成三位一体的浸润德育体系，高效落实浸润德育，全面落实立德树人根本任务，培养德智体美劳全面发展的社会主义事业建设者和接班人。该体系是学校“和润教育”育人体系“一体五翼十举”的重要组成部分。

（二）德育一体化发展历程

1.德育一体化初步建设阶段（2018～2020 年）

2018 年年初，学校结合“和润教育”全面育人体系的总体规划，推进实施德育一体化建设，同时遵循小学生年龄特点和成长规律，将学生德育建设与日常教育教学相结合，以课程、活动、文化等为主要路径，积极探索适应新形势和新学情的德育工作模式；以课程思政、心理培育、习惯养成三大层面为重点，构建全科、全员、全程、全方位同向同行的一体化育人体系基本思路和框架，从思想、心理和言行三大方面着力，将内容和路径融会贯通，整体推进立德树人根本任务。

2.德育一体化深入实施阶段（2020～2022 年）

以在山东省教育厅立项的思政课改项目推进为契机，学校继续深化德育建设工作，重点聚焦课程思政、身心健康、习惯养成三位一体的基本框架，致力于探索构建基于关键本位课程即道德与法治课程，全科、全员、全程、全方位教育教学同向同行的课程思政育人体系，开展以深入化、细致化、序列化、一体化为主的顶层设计和全面规划。具体来讲，即继续“深入化”推进课程育德、文化育德、活动育德、管理育德的四大层面德育成效；继续“细致化”落实德育工作体系设计，包括德育目标、内容载体、实施路径、评价推进的四大方面指标体系建设；继续“序列化”设计小学低、中、高各年级德育推进工作，实现阶段性、连续性有序实施和高效推进；继续“一体化”贯通设计全科、全员、全程、全方位育德建设的总体规划，持续完善学校“和润”教育理念引领下的育人体系，高效落实立德树人根本任务。

“大思政”格局引领课程思政高效落地，是济南高新区奥龙小学坚持思政引领的典型核心举措。学校把思政教育贯穿于所有课程，把价值引领贯穿于教育教学的各环节、各层面，为构建“种子＋”课程思政育人体系，探索全科、全员、全程、全方位同向同行的课程思政育人实践添砖加瓦。

3.德育一体化成果凝练阶段(2022 年至今)

2022 年下半年，随着思政课改项目的顺利结项，学校进一步梳理和总结德育建设相关经验、成果，初步探索构建了“种子＋”课程思政育人体系框架，凝练生成了“‘种子’课程引领，‘双十’同向同行”这一项目成果，梳理出了适合小学阶段实践应用的“十大思政”育人系列内容和教学评一体化实施的“双十”实践推进成果，切实提升了学校立德树人实践成效，有效实现了“有梦想、有力量、赢未来的阳光少年”育人目标。

同时，该项目的推进实施也带动了学校各方面德育特色品牌的进一步建设，各级各类德育建设成果逐步凸显，比如体育健康项目成果案例，济南市立德树人“双领军”名师及各级各类优秀德育名师成果的获评等，不仅促进了学校立德树人根本任务的扎实落地，也促进了各级各类名师、名项目的产生，助力着学校育人目标的高效达成。

二、典型德育举措

(一)坚持思政贯穿，重视思想引领

1.项目概述

教育是国之大计，党之大计，承担着立德树人的根本任务。思政课是落

实立德树人根本任务的关键课程，发挥着不可替代的作用。课程思政的教育体系，全面贯彻了党的教育方针，解决了培养什么人、怎样培养人、为谁培养人的问题，使学校思政教育理念和建设体系得以完善，是对“让学生真心喜爱、受益终身”思政课进行的顶层设计和具体部署。学生是祖国的未来，他们的政治立场和价值取向与国家的前途命运紧密相连，所以思政教育意义重大。

思政建设，作为学校的典型德育举措之一，在学校构建浸润德育育人体系的过程中发挥着重要作用。学校充分发挥了山东省教育厅课改项目的优势，在“大思政”格局和“课程思政”理念的引领下，秉持“学校教育教学活动的总和及安排皆课程”的课程观，将学生思政课教学与学校教育教学全过程紧密结合，融会贯通，既关注关键本位课程（小学道德与法治）的高效落地，也同步推进跨学科整合融合及全学科、全过程、全方位、立体化补充和强化，构建了“种子＋”课程思政育人体系框架。其中，“种子”课程指小学思政关键课程即“道德与法治”，重在研究课堂教学扎实、创新、高效的可行策略路径，确保为学生良好品德和思想成长种下“红色种子”。“＋”课程指在“道德与法治”关键课程引领下的全科、全员、全程、全方位立体化课程补充，重在围绕小学思政核心素养即“政治认同、道德修养、法治观念、健全人格、责任意识”五大目标维度，系统设计与建设同向同行、功能互补的系列内容、实施、评价体系等。该项目的创新点主要体现在以下方面。

（1）“一体化”融合，确保项目建设系统性

遵循思政课程教育教学规律和学生年龄特点，学校将该项目纳入“和润教育”育人体系和德育一体化建设总规划，并对该育人体系的目标、内容、实施、评价等进行一体化设计和实施。在实践过程中，学校将项目研究和实践巧妙融合在教育教学全过程中，不仅是为了“项目”而做研究，更是为了“育人”而办教育。全面融合，有序可行，目标达成度高，各类研究成果更加系统和科学。

（2）“教学评”一致，确保项目实施高效性

围绕“有理想、有本领、有担当”的思政课程总目标，梳理出适合小学阶段课程思政的“十大课程”系列内容；通过“五教”加“五学”“十大举措”的系统实施，结合学校“1234 梦想阶梯”评价运行机制，构建形成了学校课程思政教学评一体化育人机制。“双十”建设成果与教学评一体化机制的运行实

施，确保了项目实践探索的高效性。

(3)“方向性”引领，确保项目成果先进性

在项目研究建设全过程，学校持续关注国家关于学校德育建设、思政课建设的最新精神，尤其是关于小学“道德与法治”2022年版课程标准的最新要求，确保项目研究方向的正确性和成果建设的先进性。

总之，该项目研究打破了长期以来小学思想政治教育与学科教育相互隔绝的“孤岛效应”。基于国家教育政策，尤其是当前国家思政课建设方向和精神，学校结合自身的育人目标和发展愿景，通过一体化设计与实施“种子+”课程思政育人体系，提炼了学校课程思政育人的“双十”实践成果，构建了协同一致、合力育人的思政教育格局，让学校各方力量、各种资源、各门课程发挥思政育人功效，促进了立德树人根本任务高效落地。2022年7月，该项目通过山东省教育厅的验收，顺利结项。经过两年的实践与探索，学校梳理出了适合小学阶段实践应用的“十大课程”思政育人系列内容和“教学评”一体化实施的实践经验，同步构建起了涵盖新闻思政、生活思政、人物思政、文化思政、社会思政等不同内容、不同层面的思政教育系列专题，增加了思政教育的宽度、广度和深度，切实提高了学校立德树人工作实效，打造了“横向贯通”的课程思政育人新品牌，充分体现了小学阶段通过课程思政落实全科、全员、全程和全方位育人的重要意义。

2.典型举措

(1)“关键课程”扎实落地

在小学阶段，“道德与法治”是学校落实立德树人根本任务的关键思政课程。学校主要通过组建思政骨干教师教学共同体，发挥省级“十三五”课题研究成果即校本教研“共同体式”和“工作坊式”运行机制的作用，并结合“KPC高效课堂”建设，借力专家引领，积极探索思政高效课堂教学新模式。同时，通过定期举办单元专题研讨、各级各类业务培训、项目式整合教学、校际交流同课异构等多举措，创新现有课堂学习方式和育人模式，提高课堂教学质量。学生通过系列活动式、探究式、体验式学习，形成深刻的认知与理解，为树立科学的人生观、世界观、价值观等奠定良好的基础。

基于以上多举措、多路径的探索，学校在“种子+”思政课程教学实践中成效显著，充分发挥了关键思政课程在学校立德树人工作中的引领性作用。同时，课程建设研究过程更是带动了教师队伍思政育人素养和专业能力的

全面提升，如学校石守玥老师获评省教育厅、市教育局学校思政课教学比赛一等奖、特等奖，刘彬、吴菲获济南市教育局班主任思政能力大赛一、二等奖，尹怡华校长获评济南市优秀思政课教师，更有多位教师获评省市区优质课等奖项。

(2)“学科课程”巧妙渗透

学校充分发挥所有课程的思政育人功能，将立德树人作为所有学科育人的基本功能定位，为“课程思政”理念的高效落地提供保障。为此，学校将思政教育融入所有学科教学的各环节、各方面，鼓励各学科充分钻研、挖掘思政育人元素，巧妙设计教学，扎实落实各学科思政育人功效。例如，每学期开展的教师发展共同体“N＋X”系列业务大练兵活动中有一项内容，即通过“名师项目制”“青蓝共同体”“学科工作坊”等方式，深入挖掘各学科课程中的思政元素，梳理汇总具有鲜明思政功能的课程和单元知识点，制作“学科＋思政”校本课程手册。同时，构建以德育课程为核心的全科同向同行的思政体系，开展跨学科融合的思政渗透，旨在通过高效的研讨与设计，真正发挥全科思政功效。

(3)“活动课程”有机融入

坚持课堂教学与实践活动相结合是实现思政高效育人的重要途径和普遍规律。秉持“学校教育教学活动的总和及安排皆课程”的课程观，学校坚持把日常的各类教育教学活动设计成完整的课程加以推广实施。构建不同内容、不同层面、不同主题的思政教育系列，丰富思政育人课程内容，是该课程建设的主要切入点，也是推进实施该课程成果“十大举措”中的重要一环，对学校立德树人工作有很好的助推作用。

在学校的具体实践过程中，每一次活动课程，都要专门系统设计相关“思政”任务目标。比如，近几年学校面向全体学生组织各种少先队活动、班级艺术节、运动会等时，均渗透“思政”元素，强化学生认知与行动，实现润物无声、育人无痕的思政教育效果。又如，在被评为济南市第二届德育品牌的“假期·开学”系列课程实践过程中，学校设计了开学第一周“假期中的那些事儿”系列课程，面向全体学生开展爱国、爱家、健康、文明等不同主题的教育活动，帮助学生对日常生活中的各种经历和体验形成科学、正确的理解，引导学生树立正确的人生观、价值观。这是对学生进行思想教育与核心素养教育的高效途径。各类活动课程的补充以学生需求和成长为本，从贴近生活、贴近实际、贴近学生的真实情景切入，助力学生将书本上的间接经验、理性知识与实践体验紧密结合。

(4)“教师课程”协同共育

每一位优秀的教师都是一门优秀的课程。每一位优秀的教师更是一门优秀的思政课程。教书育人、以身示范是教师的基本职责。围绕立德树人根本任务，学校引领全校教师积极践行社会主义核心价值观，教师专业发展评价以“德”为先，实现教书、育人、安全、健康、思政引领和“一岗多责”。比如，学校线上线下相结合的“党团播报”系列课程，通过系列思政微课设计与实施，引领全校师生、家长齐心协力共防疫，引领学生们树立科学正确的价值观。疫情期间，结合抗击新冠疫情这堂“人生大课”，学校组织教师积极设计、撰写思政教学案例，充分挖掘抗击新冠疫情过程中积淀的生动丰富的新闻线索素材，引导学生体察生活，洞察人性，学会思考，切实用好抗击新冠疫情这本“大教科书”，以此对学生进行思想政治教育。其中，赵文琪老师的思政育人案例入选了济南市思政德育案例作品集。教师结合自身优势，随机生成各种育人智慧，实践思政育人，人人参与，全员引领。

(5)“专题课程”强化补充

切实实现思政教育入脑、入心，把“思想活水”引进来，筑牢社会主义核心价值观，用好专题课程的“强化剂”，是对学生开展思政教育的重要举措。例如，持续开展的文明校园创建、法治教育进校园、心理健康系列育人工程、绿色生态系列课程、家庭教育指导等专题教育，都发挥了非常好的育人功效。学校紧密围绕小学生思政教育的核心内容与关键目标，充分利用家庭、学校、社区的优质资源和力量相互协作，通过开展校长命题作业、“小手拉大手”家校社区共建、专家课程进校园、家庭教育系列讲座等，构建家校社协作思政引领课程，开启家庭教育指导新模式，实现家庭、学校、社区优质资源共享，凝聚合力实现高效润育。

(6)“文化课程”浸润熏陶

奥龙小学坚持“和合共进，润心育人”的文化育人理念，让校园环境、文化布置、育人氛围充分体现思政元素。和谐、多元、生态、内涵丰富的校园文化，现代、齐全、优美、特色鲜明的阵地建设，泉水厅、文化厅、演说厅、未来中心等功能室中各具特色的作品展示，都让思政元素润育无痕。例如每学年各年级开展一级一品“五个一”素养项目，让孩子们确立小梦想、小目标，并通过梦想墙、班级公约等形式呈现在各班教室，形成“一班一世界”的多彩文化氛围，让思政教育班班有、人人有、处处有。这是学校和润文化的最好呈现，也是学校“和润童年，点亮一生”美好教育愿景的扎实落地。

3.成果成效

(1)主要成果

①构建了“种子+”课程思政育人体系框架

学校围绕思政课程育人总目标和小学思政课学科素养五维目标，构建了以一个目标、十大内容、十大举措、一个评价机制为主的奥龙小学“种子+”课程思政育人体系，即基于小学关键思政课程引领，系统设计了红色教育课程、党团少课程、好习惯课程等十大内容（见图 5-3)；同时，通过“五教”加“五学”典型举措，结合学校“1234 梦想阶梯”评价机制，形成小学课程思政“教学评一体化”常态育人机制，效果显著，可行性可复制性强。

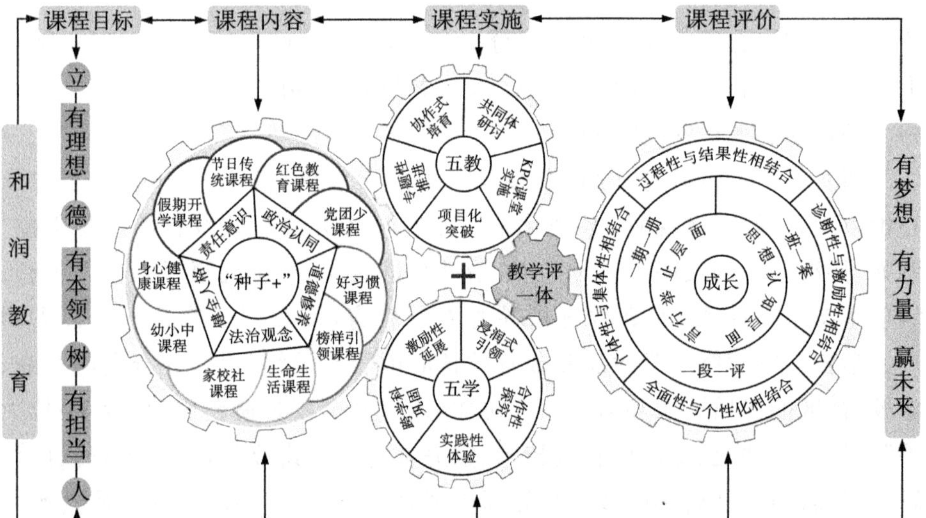

图 5-3　奥龙小学“种子+”课程思政育人体系框架

②梳理出了小学课程思政实践“双十”成果

“十大课程”涵盖红色教育课程、党团少课程、好习惯课程、榜样引领课程、生命生活课程、家校社课程、幼小中课程、身心健康课程、“假期·开学”

课程、节日传统课程等十大系列内容；“十大举措”主要包括共同体研讨、KPC课堂实施、项目化突破、专题性推进、协作式培育等“五教”保障策略和浸润式引领、合作性探究、实践性体验、跨学科巩固、激励性延展等“五学”实施路径。多轮实践的结果表明，“双十”建设成果具有很好的可行性和可推广性。

(2)创建成效

思政引领教育实施过程也是学校全体教师思政育人能力和综合素养提升的过程，近两年学校10余人次获省、市级思政课教学大赛、思政能力素养大赛、优质课、优秀思政课等专业荣誉奖项。学校积累了丰富的思政教育课程资源，仅线上教学2个月时间，学校就有30余位教师的思政微课、教学资源共计200余项获省市区各级媒体宣传推送。同时，思政引领课程创建过程也是学校立德树人育人成效显著提升的过程。学校先后获评全国文明校园创建先进学校（连续两次）、山东省首届文明校园、济南市德育品牌、济南市新优学校等。

(二)围绕身心培育，开展健康指导

1.工作概述

“强健体魄，润心育人”是学校健康教育的核心内容和目标。学校聚焦学生“健康第一”成长目标，从学生身体健康和心理健康培育两大方面，进行精准化设计、全方位推进、项目化实施、特色性打造，为创建具有奥龙特质的特色学校精准发力和重点探索。学校旨在通过一系列举措，促使每一名奥龙小学生都能成长为具有良好的身心素养、掌握多样健康技能、养成科学锻炼习惯、具备专项体育特长的阳光少年。这既是学生自身全面成长的重要基础，也是其一生幸福和终身成长的力量。通过体育健康教育、心理健康教育等重点内容的全面普及，全力打造让家长满意、师生幸福、社会认可、优质发展的健康教育特色品牌学校。

(1)身体健康教育方面：让运动成习惯，让健康伴一生

学校秉持“和润童年，点亮一生”的教育愿景，从学校“体育教育一体化”设计与实施切入，坚持“健康第一”，聚焦体育教育“教会、勤练、常赛”的理念和举措，规划制定体育健康教育一体融合、高效实施的系统方案，构建形成以“年级项目式”设计、“目标驱动式”推进、“全员参与式”实施和“家校协同式”督促为主的体育育人机制，实现体育教育与其他教育的有机融合。学

校、家庭、社区共助力，和合共进，润心育人，以形成校园“人人爱运动，班班有项目，月月定目标，年年学技能”的全员、全面、全方位的体育育人新常态，增进每一名奥龙小学生体质体能，培养其终身体育锻炼意识，并以此形成体育健康教育办学特色，完善学校高质量全面育人体系。

(2)心理健康教育方面：和润心理成长，培育健康素养

健康是指一个人在身体、精神和社会适应等方面都处于良好的状态。世界卫生组织指出，健康不仅是躯体没有疾病，还要心理健康、社会适应良好和有道德。学校心理健康教育，主要通过对每年度学科课程教学、每学期专项系列工程、健康月主题活动、开学周特色课程、成长日幸福活动体验等内容的系统建设与应用，从学生自我认知、积极情绪调适、良好适应、主动参与、应挫能力等小学生必备的基础心理素养入手进行全面培育。首先，要培养学生积极、健康的心理素质和必备的知识技能；其次，降低各类问题学生和困难学生比重，完善心理问题干预机制；再次，要关注教师心理健康水平，及时跟进指导家长心理健康教育，同步提升学校教师、家长自身的科学育人水平和心理健康教育水平；最后，特色创建过程也是学校各类特色品牌成效成果的生成过程，形成可复制、可推广的心理健康教育典型经验和示范举措是特色学校创建工作的重要任务和目标。

2.工作目标

(1)学校建设层面

首先，形成成熟可推广的健康教育育人成果。深入探索学生身体健康教育和心理健康教育的有效运行机制，形成具有奥龙特色的健康教育一体化课程、优质课例和资源、特色性项目、学术性成果等系列化育人体系成果，以期在更大范围和更多兄弟学校内将该体系成果进行推广和应用。其次，提升学校健康教育知名度和满意度。注重总结、提炼特色办学经验和成果，充分利用信息手段和传播媒介宣传学校办学理念和经验，产生良好效果。通过及时的宣传报道，让社会各界了解学校特色办学成果，了解学校教育发展情况，提升学校特色办学知名度和认同感，力争将相关经验和成果在市、区乃至更大范围内予以交流分享。同时，通过特色学校创建，带动学校教育质量的全面提升和各级各类满意度的逐年提升。

(2)学生成长层面

在身体健康教育方面，实现每个毕业生至少掌握“6＋2＋1”项体育技

能。通过一体化设计和推进身体健康教育工作,助力奥龙学子身体素质和体育技能不断增强。小学毕业时,基本确保每名奥龙小学生至少掌握“6+2+1”项体育运动技能,即6项个体基本运动技能、2项团体专项运动技能、1项亲子协作运动技能。此外,注重各类特色专项技能的培育和指导,比如校园足球项目、啦啦操项目、武术操项目、棒垒球项目等,让学生既可以掌握自己喜欢的、简单可行的基本运动技能,为今后个人加强身体锻炼和参与各类活动提供多样选择和机会,又可以通过团队项目促进自身团体协作和个人优势项目的提升。秉持“让运动成习惯,让健康伴一生”的体育健康教育工作理念,通过小学六年的学习成长,奥龙学子在掌握以上各项体育技能的基础上,更要掌握科学的体育知识,养成良好的锻炼习惯,找到自己最喜欢的一项甚至多项体育技能,并将其运用在自己的成长过程中,让积极锻炼的习惯陪伴孩子的一生,真正实现“和润童年,点亮一生”的教育愿景。

在心理健康教育方面,引领学生形成积极向上的精神风貌。学校系统地开展自我认知、积极情绪、社会适应、主动参与、应挫能力等学生必备的基础心理素养的培育,促使每一名奥龙小学生精神风貌、核心素养等得到全面发展,为其一生的幸福和成长奠定良好的基础。同时,学校逐年优化健康教育指标的各类测评数据。学生各类心理测评指标数据逐年向好或者优于同类学校同类群体,问题学生、困难学生比重逐年下降或者低于同类学校同年龄段学生。此外,学校还逐年完善学校心理健康问题防范和干预机制,以促进学生自主能力、社会参与能力、未来核心竞争力的逐步生成和逐年提升。

(3)教师发展层面

首先,打造一批名师、名课、名项目。依托该项工作的扎实系统推进,打造一批在学生身体健康教育和心理健康教育方面的系列名师、名课、名项目,提升学校在区域甚至更大范围内的特色影响力。同时,培育一批可复制可推广的优秀特色项目,梳理总结出典型经验和可行性做法,为后续相关工作的开展提供资源,为各兄弟学校的相关工作建设提供参考和借鉴。其次,提升教师自身健康幸福指数。没有健康幸福的教师,很难培育出健康幸福的学生。教师有效的教育教学过程,也是提升自身心理健康水平和实现自身幸福成长的过程。希望依托此项目的推进,切实提升教师自身的心理健康水平和育人实践水平,以此惠及全校师生和家长,提升学校高质量育人成效。

3.创建内容

(1)身体健康教育重点内容

学校坚持小学体育教育"健康第一"指导思想，结合"和润教育"品牌优势，将体育教育活动进行统筹规划和顶层设计，初步确立"1＋2＋3＋4设计，一体融合高效实施"的工作方案，构建形成以"年级项目式"设计、"目标驱动式"推进、"全员参与式"实施和"家校协同式"督促为主的健康教育育人体系，聚焦体育教育"教会、勤练、常赛"的理念举措，完善"健康知识＋基本运动技能＋专项运动技能"的育人模式，以此确保健康教育特色学校创建的有序推进和高效实施，切实促进学校"立德树人"根本任务和总体育人目标的顺利达成。

(2)心理健康教育重点内容

学校结合已有的心理健康教育工作的成果，根据学生的年龄特点和发展需求，抓住小学阶段学生心理健康核心素养快速发展的契机，通过专门课程开设、系统项目实施、主题教育强化、家校社区共育等举措，从学生心理健康素养培育、心理健康知识普及、常见问题诊断干预和防范、家庭教育指导、教师健康心理水平提升等层面，进行整体设计和资源融合，实现学校心理健康教育工作的高效落地，助力全校师生、家长身心素养的提高，以此实现合力育人的最佳成效。

4.突破创新

(1)身体健康教育一体化建设

学校对身体健康教育活动进行顶层规划，初步确定"1＋2＋3＋4设计，一体融合高效实施"的工作方案。以增进学生体质健康，培养学生终身体育意识和能力为主要目标，致力于培养有梦想、有力量、赢未来的奥龙阳光少年。

"1＋2＋3＋4设计"中，"1"指"1个目标"，即"让运动成为习惯，让健康陪伴一生"的身体健康教育基本目标定位。"2"指"2类课程"，即面向全体学生开设的基础体育课程和选修体育课程。"3"指"3项间操"，主要由每天上午大课间早操、下午大课间年级项目操、日常每两节课后的室内操三项活动操构成。上午大课间，主要根据季节变化组织半小时跑操或广播操，一般情况下夏季以做广播操和校园啦啦操为主，其他季节以全校集体跑操为主。下午大课间，以至少半小时的年级基础体育技能项目学习和锻炼为主。室内操时间，主要进行眼保健操和简短的室内活动健身操。“4”指“4大保障”，即通过每日锻炼、当月达标、学期活动、即时评价，确保各项体育健康活动开展的实效性、持续性和有序性。在此基础上，学校也会注重对学生专项体育技能的训练和指导，组建特色校队如校园足球队、啦啦操队、武术操队、棒垒球队等，打造校园体育健康教育特色，激发学生体育专长的发展，为学校体育专项教育工作助力添彩。

(2)心理健康教育系统化培育

学校对心理健康教育工作进行统筹设计，初步打造成一套以“每学期一工程、心理月一系列、开学周一主题、成长日一体验”为主的心理健康教育系统化培育工作方案。

“每学期一工程”，即学校每学期设计推进的心理健康教育“十个一”项目工程，包括完成一轮学生身心状况的线上家访摸排、安排一场开学前的专题线上家长会、开展一次专业的学生心理全面普查、开展每周一次心理健康教育主题班队会课、组织一场班主任与学生的面对面谈话、组织一次心理健康教育科普讲座、设计每节常态化课堂5分钟师生谈心环节、持续上好每周一节的学生心理健康常态课、做好个别学生需求的常态化专业指导、开展每月一次全员参与的文体娱乐活动等十项系列工程，为每学期的心理健康教育确定可实施的路径和策略。

“心理月一系列”，即学校秉持心理健康教育工作“全员育人，全程培育，全面成长”的基本原则，以每年5月份“我爱我”主题月四个周次为运行单位，规划确定以“生命教育、自我认知、科学学习、目标引领”四大领域为主的学习指导内容，通过每周开展一次心理健康主题系列教育活动，如生命成长共护航、认知成长讲科学、高效学习循规律、目标驱动逐梦想，强化小学生心理健康核心素养。

“开学周一主题”，即学校每学期开学第一周的“开学适应”专项系列指导课程。每学期的开学第一周，全体教师不急于讲课本，从“假期那些事儿”入手，设计开展一系列的“开学适应系列课程”，如思政教育、爱眼护眼、法治教育、安全教育、路队训练以及开学第一课(不包含新课内容)、假期课程成果分享等，让学生尽快适应学校生活节奏，助力学生打败“开学综合征”。该项课程成果还被评为济南市德育品牌课程并在全市推广。

“成长日一体验”，即学校每年在六一儿童节这一天，结合各班梦想课程推进实施“幸福成长日”团体幸福体验课程。同时，还会以班级为单位，设计开展一系列丰富多彩的“幸福成长”团体心理活动和游戏体验活动，让每一名奥龙少年都能开心过节，助力奥龙学子积极、健康的心理素质的养成和提升。

5.评价推进

(1)身体健康成长评价层面

通过内容丰富、形式多样的“每日一练、每月一测、每学期一评、每年一达标”的评价体系设计，确保各项身体健康教育工作的科学性、有序性和高效性。“每日一练”即校内体育活动日复一日持续推进。“每月一测”即体育老师和班主任根据学生身心特点及大课间运动项目的掌握情况合理规划阶段性目标，帮助学生确定每月的锻炼目标，当月月底，学校统一进行大课间阶段性测评。根据达标情况，学生可以更清晰地了解自己的练习效果，确立新的目标，持续不断地提升自己的技能。“每学期一评”，即学校每学期都会通过组织春季(秋季)学期运动会、体育运动竞技月、班级联赛等活动，大力发展学生体育运动爱好并组织竞技展示。多种多样的学期活动寓教于乐，侧重对学生一学期锻炼成果的检验，致力于磨炼学生的协作精神和意志品格，成效突出。“每年一达标”，即每年年底学校会组织多元评价，结合学校“1234 梦想阶梯”评价机制中少先队员“红领巾奖章”争章活动的开展，评个体、评团队，争“健体章”“团结章”等，家校携手，共同润育和督促学生。以上各项评价举措的实施，也有助于学生防范近视、预防肥胖、掌握技能等。

(2)心理健康成长评价层面

通过每学期学生及家长满意度调研、学生心理健康指标测评等，了解学生心理健康发展水平、心理健康教育工作的实效，确保心理健康教育各项工作开展的科学性与实效性。学校每学期都会针对总体办学情况及特色创建目标，通过问卷、座谈等方式对学生、家长进行各类满意度调研，尤其是聚焦学校心理健康教育系统化培育情况，定期对所有学生、家长开展线上满意度问卷调研，重点了解学生及家长对学校本年度心理健康教育举措及成效的满意度等，并征集学生和家长的困惑、建议及优势资源，不断完善心理健康教育育人举措，家校合力共育学子。同时，学校专门采购心理专业测评软件，通过每年至少一次的学生心理指标测评，对学生心理健康状况进行全面测评摸排和分析，形成年级、班级和个人报告，并持续进行年度报告对比分析。根据分析的共性问题，科学制定对策和举措并及时进行指导和帮助。

6.实施成效

(1)身体健康教育层面

梳理构建了小学特色体育运动项目的基本运行模式。经过持续实践与探索，总结有效经验和做法，学校初步梳理出“五式一体”年级体育特色项目基本运行模式，即以“统筹推进式”管理、“年级项目式”设计、“全员参与式”实施、“目标驱动式”推进和“家校协同式”督促为主的“五式一体”运行模式，该模式科学、可行、高效、可复制推广。

初步梳理出适合小学生的年级体育特色项目内容。学校初步构建起符合小学校情、相对固定、可推广可复制的系列化年级体育特色项目内容，丰富和完善了学校体育教育一体化育人体系。该内容体系简单、普适、可推广复制，对同学段体育教育实践具有一定的借鉴和参考价值。

高效助力了“双减”政策的扎实、创新落地。通过巧妙利用小学日常体育大课间碎片化时间，促进学生坚持锻炼，掌握多样体育技能，保障身心健康，为其终身成长奠基。一系列措施与国家“双减”战略目标同向同行，切实促进了“双减”政策的高效落地。

切实保障了学生健康素养和锻炼习惯的养成。经过近两年的持续实践与优化实施，目前学校每一名学生都能掌握3～4项基础体育运动技能，养成了勤于锻炼的意识和习惯。这保障了每名奥龙小学毕业生至少能掌握“6＋2＋1”项体育运动技能总目标的有序达成。

助力提升了学校体育教育育人成效。该项工作的推进实施，进一步丰富了学校全面育人体系内容，促进了体育教育工作的高效落地，尤其带动了体育教师的专业化、全面、快速成长，取得了诸多可喜成绩。例如，学校体育一体化方案、阳光大课间方案在市区评比中获佳绩，各类体育校队在市级啦啦操比赛、跳绳比赛、球类联赛中多次荣获特等奖、一等奖，多位体育教师的优质课、研究课在省市区大赛中获奖。

(2)心理健康教育层面

学校心理健康教育工作成效凸显，多次获得省市级荣誉称号和经验推介。例如，2018年上半年，学校被山东省教育厅评为山东省第二批心理健康教育特色学校。2018年下半年，学校开学适应系列课程被评为济南市德育品牌并在全市推广。2019年上半年，学校心理健康教育举措在济南市现场会上进行经验推介。2019年下半年，学校特色课程成果“寻找假期的正确打开方式——奥龙小学假期开学系列课程”被评为济南市第二届德育品牌，该品牌成果的核心内容就是聚焦“开学适应”的学生心理健康教育系列教育举措；该成果还被济南市教育局推荐在《光明日报》《教育家》等报刊上发表。2020年，学校“暖心‘十个一’，助力‘心’成长”心理健康教育系列活动被山东省教育厅评为山东省学生心理健康节省级特色活动荣誉称号。2020年下半年，学校“心育十个一”系列活动被山东省教育厅评选为学生心理健康省级特色活动。2021年上半年，学校教师原创心理健康教育绘本作品被评为济南市心理健康教育优秀成果一等奖。以上荣誉的取得和成绩的认可均是学校心理健康教育工作持续实施的成效体现。

7.心理健康教育“十个一”项目工程

(1)完成一轮学生身心状况的线上家访摸排

开学前一周，各班主任和任课老师分别通过电话、微信等多种方式，对所有学生开展一次线上家访，重点了解学生的假期学习状况、目前心理状态、适应需求等，并给予有需求的家长和学生一定的建议和指导，缓解家长和学生的焦虑。对家访中发现的关于学生的各种特殊状况，各班主任及时汇总，提出需要重点关注的学生问题的解决方案，并及时报备学校。学校通过微信公众号、班级群等发布“开学前致家长的一封信”、各类小贴士等，引导广大家长密切关注孩子开学前的思想状况和行为动向，并及时和班主任一起协作配合，共同引导教育孩子。

(2)安排一场开学前的专题线上家长会

根据学校开学的总体规划和学校领导的统筹部署，学校和各班级分别组织召开学校家委会座谈会和各班级的线上家长会，各年级统一规划设计线上家长会内容，就开学前的相关工作与各班级家长进行有效沟通，了解关注孩子开学前的各种状况，共同为孩子们的开学做好准备。

(3)开展一次专业的学生心理全面普查

学校专门采购了心理测评软件，每年对全体学生进行一次全面的心理测评摸排，并请专业力量对普查结果进行分析，形成年级、班级和个人报告；根据普查分析的共性问题，科学地制定有效对策和举措并给予及时指导和帮助。对于筛查出来的重点学生，积极与家长取得联系，在征得家长同意的前提下，共同商议举措，建立完善一人一册档案，持续关注跟进，共同促进学生身心全面发展。

(4)开展每周一次心理健康教育主题班队会课

各班结合生命教育、安全教育、挫折教育、情绪调节、人际交往等主题，设计开展每周一次的主题班队会活动。班会课上通过观看视频、发言讨论、静心思考等多种形式引发学生的思考与感悟，帮助学生学会克服自身的畏难情绪和进行人际沟通；学会倾诉，并以合理的方式排解心里的不良情绪；要珍爱生命，悦纳自我，关注自己和身边人的心理健康状况。处理问题不要极端化，绝不能轻易放弃生命等。通过班队会的开展，学生们对“心理健康”有了更全面的认识，也对“生命”有了更深刻的理解，这对解决学生的各种心理问题发挥了积极的作用。

(5)组织一场班主任与学生的面对面谈话

开学第一个月，每一位班主任都会与班级里的每一名学生进行一次面对面谈话，可以一起谈谈本学期的学习适应情况和心理调节等，也可以一起谈谈生活的困惑和成长的烦恼等。通过谈话，进一步了解学生近期的学习与生活状态，有针对性地帮助重点学生做好自我心理调适与开学适应，进一步促进和谐师生关系的建立，增强班级管理的正能量。

(6)组织一轮心理健康教育科普讲座

每学期学校都会专门安排骨干老师或聘请小学心理健康教育专业讲师，围绕如何做好生命健康保护、如何进行自我心理调适与人际沟通、如何有效进行时间管理、如何面对考试焦虑、如何“与压力共舞”等主题，对全体学生开展心理讲座指导，进一步帮助学生尽快做好“入学适应”，学会调控情绪、适应环境、自律学习的方法，提高学生自主自助和自我教育能力。

(7)设计每节常态化课堂5分钟师生谈心环节

结合开学适应困难等情况，除了开学第一课校长的“收心指导”，学校每一位任课教师在开学第一周的常规课上，都要精心安排5～10分钟与学生的“谈心时间”。通过交流谈心，了解学生开学适应阶段的心理状态，引导学生调节学习节奏，舒缓紧张焦虑的情绪，帮助学生建立学习信心。

(8)持续开展每周一节的学生心理健康常态课

近两年，学校聘请专业师资，对各班级学生进行常态化心理健康教育指导。各班级每隔一周都能上一节心理健康教育团体活动课，内容包括生命教育、安全教育、情绪管理、压力调节等主题。学校也将进一步加强力量，争取每个班级都能保障一周一节的常态化课程学习，帮助学生调整学习状态，切实做好自我健康维护，助力学生快乐学习和健康成长。

(9)做好个别学生需求的常态化专业指导

通过全面摸排和调研，学校会对有个性化需求的学生进行积极引导和帮助，并做好持续追踪和辅导，如有必要也会邀请第三方心理健康专业机构提供个性化分析和帮助，以解决学生日常生活、学习中可能会遇到的问题和困惑，更好地指导学生的身心全面健康成长。

(10)开展每月一次全员参与的文体娱乐活动

学校结合国庆主题、传统习俗、班级项目等设计了每月一次学生全员参与的文体活动，比如9月开展“庆中秋主题展示活动”，10月开展“庆国庆展演活动”，11月开展“学长制秋季运动会”，12月开展“庆元旦展示活动”，1月开展“班级项目课程”等。每月一次的全员文体活动能够为学生紧张平淡的学习生活增添一抹欢快的色调，让学生的学习生活更加丰富多彩，同时也有助于舒缓学生焦虑紧张的学习情绪，促进学生身心愉悦、健康成长。

8.学校心理健康月专题系列活动

为进一步加强心理健康教育工作，学校以发展性心理健康教育与积极心理学理念为导向，本着全员育人、全程培育、全面成长的基本原则，继续发挥特色品牌课程优势，结合每年“我爱我心理健康日”、“六一节幸福成长日”、心理健康月等常态化专题教育活动，面向全校学生规划了以生命教育、自我认知、科学学习、目标引领为主的学习指导内容，以五月四个周次为运行单位，相对集中开展心理健康月专题系列活动。活动重在聚焦学生身心健康成长、良好心理素质引导和训练、基本心理健康知识技能普及，关注并解决学生阶段性困惑与问题，培育全体学生健康向上的积极心态，促进学生全面、健康、阳光成长与发展。

(1)主题活动之“生命成长共护航”

活动时间：五月第一周。

活动形式：主题班队会。

参与人员：全体班主任、全体学生。

内容要求：

以班级为单位开展生命教育主题班队会，组织生命教育活动，让学生学会尊重生命、感恩他人，感悟生命的价值。着重培养学生认识自身生长发育的特点，树立正确的生命意识；普及各类安全常识，让学生初步掌握一些特殊情况下自我防护的基本知识和技能，养成健康的生活习惯。

(2)主题活动之“自我认知要管理”。

活动时间：五月第二周、第三周。

活动形式：心理常规课、课堂五分钟学科渗透、专业心理筛查。

参与人员：全体任课教师、心理专业教师、全体学生。

内容要求：

正确的个人认知是确保个人身心健康成长的重要方面。每个人都需要对自我情绪、同伴关系、师生关系、亲子关系等有科学、理性的理解、认知和管理。该主题的学习重在引导学生形成洞察、悦纳、管理自我的小策略、小方法。心理专业教师通过普及心理健康知识、讲述心理小故事等多种方式，引导学生全面、客观地认识自我、洞察自我，及时进行自我调节，提高心理自助、互助意识与技能，助力学生健康快乐成长。同时，当月学校都会邀请专业机构对四年级全体学生进行心理测评和筛查，并对调研结果进行分析，形成年级、班级和个人报告，为全体与个体学生心理健康教育指导设计提供参考和依据。

(3)主题活动之“高效学习循规律”

活动时间：五月第二周、第三周。

活动形式：心理小微课、专家讲座、家长大讲堂。

参与人员：全体任课教师、外聘专家、全体学生及家长。

内容要求：

针对低、中、高不同学段学生的不同成长特点，结合学校家庭教育系列课程内容设置，任课教师分别从低年级习惯养成、中年级时间管理、高年级青春期教育的角度，录制心理小微课，引导学生以阳光的心态面对成长中遇到的小问题、小困惑，掌握科学、正确的学习方法，学会时间管理，学会恰当、科学地解决问题，养成良好习惯。同时，学校会联系社区等优质资源，专门聘请专家到校开展讲座，针对低、中、高不同学段的三个主题分别开展家长大讲堂，指导家长掌握科学的家庭教育方法，家校携手，共育学生成长。

(4)主题活动之“目标驱动逐梦想”

活动时间：五月第四周。

活动形式：校长大讲堂、“梦想放飞”仪式、心理游园会。

参与人员：全体教师、全体学生。

内容要求：

每个人心中都有自己的梦想，引导学生养成不断树立新目标的意识，促进自我持续不断的提升发展。每年开学初，学生写下自己的梦想，贴于梦想墙上，待到第二年六一儿童节，在全校师生见证下，将自己达成的“小梦想”贴在气球上进行放飞，让梦想绽放。

9.“开学第一周”适应系列专项指导课程

作为山东省中小学心理健康教育特色示范学校，济南高新区奥龙小学的每学期开学第一周系列课程都会紧紧围绕“开学适应”主题精心设计，该课程成果也被评为济南市德育品牌。该课程设计坚持学习与生活密切联系的原则，旨在帮助学生有效适应开学，打败“假期开学综合征”。每学期的开学第一周，学校都会发挥传统优势，科学地规划和设计，面向全校师生、家长，从各层面广泛开展心理健康教育系列课程，帮助孩子平稳快速适应学校学习的节奏。

10.“六一”成长日主题教育系列课程

每年的六一儿童节都是学校全体儿童的“幸福成长日”。2021 年 6 月 1 日，学校依然延续多年来的传统特色，设计开展了以促进学生心理健康成长为主题的一系列丰富多彩的课程和体验活动。

(1)装饰教室，营造氛围

为了迎接孩子们的节日，老师们忙前忙后，精心装饰教室，为孩子们创设欢度“六一”的节日环境与氛围。为了让孩子们度过愉快难忘的节日，老师们可谓使尽浑身解数。

(2)梦想讲堂，校长开讲

“心中有梦想，人人有力量”是全体奥龙人持之以恒的精神信念。2021年6 月 1 日的“六一”成长日心理活动课程依然是由持有国家二级心理咨询师证书的尹怡华校长亲自主持。结合学校培育“有梦想、有力量、赢未来的阳光少年”的目标，尹校长和各班主任通过组织学生观看励志短片、现场游戏体验、小组讨论交流等多种形式，带领孩子们感受从小树立远大梦想、志存高远的重要意义，并结合小学生的日常生活和学习循循善诱，鼓励奥龙少年要“相信梦想的力量，坚定行动的力量，学习榜样的力量，实现目标的力量”，重点从自信心、意志力、爱学习、向未来等层面为孩子们的心理健康成长积极赋能。

(3)和润少年,放飞梦想

自2020年9月起,学校每学年一轮的“梦想教育”系列课程和各年级一级一品“五个一”素养培育系列课程正式启动。其中,“五个一”素养是指一梦、一歌、一体、一艺、一技。“一梦”就是在每学年第一学期开学第一天,孩子们写下自己的梦想,并贴在班级梦想墙上,等来年的六一儿童节放飞梦想。2021年6月1日,孩子们在自己的“梦想足迹”卡上写下了自己在实现梦想过程中的难忘瞬间,并邀请自己的朋友、老师或家长写下了对自己的期望和祝福。孩子们带着满满的自信和幸福感放飞贴满梦想的气球。

(4)心理游戏,团体体验

结合“心理健康月”,学校在“六一”成长日系列活动中组织孩子们开展以心理游戏、团体体验为主的活动。这已经成为奥龙小学的传统做法,也是每年学校“心理健康月”系列活动的传统举措之一。从心理学角度讲,游戏不仅是游戏,更是人们表达潜意识、探索新事物的重要方式。游戏训练了孩子们的耐心,让孩子们看到了真实、独一无二的自己,提高了孩子的思考敏捷性,促进了孩子的团结互助。孩子们沉浸在快乐的游戏中,在游戏中成长,在游戏中完善自我。

(5)励志影片,点燃梦想

优质影片往往自带阳光、梦想、纯真、自信、诚实、勇敢和满满的爱,这些都是优质影片能直接带给孩子的优秀品质。孩子们在各班主任的组织下,一同观看了校长推送给大家的心理教育素材影片《叫我第一名》。孩子们被电影中主人公的坚强与乐观打动,更加坚信没有什么可以阻挡我们追逐梦想的脚步,心中有梦想,人生有目标,当下有行动,这样的成长才更有意义。

(6)劳动体验,收获硕果

从朴实无华的麦子蜕变为白色的面粉,其间有多少人间烟火,就有多少辛苦和乐趣。六年级即将毕业的孩子们在他们的责任田上收获着自己的喜悦和希望。孩子们要挑出最好的小麦作为种子,留给五年级的学弟学妹,让他们明年继续种植。奥龙学子们共同传承着一份信念、一份力量、一种精神。

心理健康是小学生德、智、体、美、劳各方面全面发展的基础和保证。没有健康的心理,很难形成良好的品德。因此,对小学生进行心理培育是其全面发展的需要，也是其日后从事社会实践活动的一项基础工作。

（三）推动习惯养成，倡导知行一致

行为形成习惯，习惯决定品质，品质决定命运。小学阶段是培养习惯的关键期。“少成若天性，习惯如自然。”从小养成良好习惯，优良素质便犹如天性一样坚不可摧。我国伟大的教育家叶圣陶先生指出，教育是什么？往简单方面说，只是一句话，就是要养成良好习惯。著名哲学家罗素强调人生幸福在于良好习惯的养成。教育的核心是培养人的健康人格，而培养健康人格应从培养良好行为习惯入手。小学生正处在身心迅速发展又极具可塑性的阶段，是行为习惯养成的最佳时期。因此，更好地实施小学生行为习惯的养成教育成为小学阶段刻不容缓的任务。

济南高新区奥龙小学一直注重学生良好行为习惯的培育和养成训练，在学校德育一体化体系中将习惯养成作为重要组成部分进行统筹规划和设计。学校结合校长命题、“21 天养成一个好习惯”、“原样交接好习惯养成”、一级一品“五个一”素养课程培育、文明校园创建、绿色学校教育、劳动系列实践课程、主题升旗仪式、主题班队会等各项工作的开展，从思想引导、心理辅助、行动践行三个维度，与学生的良好习惯培养有机结合，潜移默化、润育无痕，促进学生良好行为习惯的养成。

下面就从思想引导、心理辅助、行动践行三个维度就学校习惯养成教育相关典型举措进行介绍。

1.思想引导

“思想决定行为，行为决定习惯。”好习惯持续养成的过程就是在学校和教师引导下基于主体行为实践的学生品格自我培育、锤炼和提升的过程。由此可见，在日常教育教学过程中，对学生进行正确的思想引领尤为重要。学校坚持“和合共进，润心育人”核心理念，通过各类常态化主题活动的推进和实施，如校长命题、主题升旗仪式、主题班队会、各类特色主题教育活动等，从思想上引导学生增强良好行为习惯养成的意识，强化学生的认知与行动，更好地实现润物无声、育人无痕的教育效果。

（1）校长命题，全员行动

“校长命题作业”是奥龙小学常规性的教育方式举措，也是落实好习惯养成教育的重要抓手，旨在通过校长牵头推进相关主体工作，发动学校师生、家长全员参与和共同思考，亲子之间、师生之间、同伴之间共同了解，相互启发，共同执行，巧妙实现家校共建、理念行动一致，促进学生身心全面健康成长。

结合学校各项教育教学工作和学生好习惯养成设计系列化“命题式”主题教育活动，校长带领全校师生、家长“小手拉大手，大手拉小手，大手小手一起走”，进行文明理念和言行的渗透引领，促进好习惯养成，效果非常好。

以“健康好习惯，安全永相伴”校长命题、全员倡议为例。

教育部发布了《关于做好预防中小学生沉迷网络教育引导工作的紧急通知》及《致全国中小学生家长的一封信》，奥龙小学积极响应教育部倡议，结合学校相关安全工作，以校长亲自命题的方式，组织全校师生、家长全员参与，共同开展“安全使用网络，防范沉迷网络”的良好习惯养成教育活动。活动旨在通过全员共同参与和思考，自觉自律，严于律己，在开心享用网络便利的同时，亲子之间、师生之间、同伴之间互相督促，主动养成良好用网习惯；同时，大家相互商讨，为养成正确上网、文明上网、绿色上网的好习惯建言献策。

全体语文老师利用一节课时间，根据命题提示，结合自己班级学生年龄特点，将如何正确使用网络与好习惯素养教学相结合，自行设计一节专门的语文教学课。部分学生不但写出了自己的心声，还分享了自己的想法。由此可见，同学们对如何正确使用网络有自己的想法。网络已经成为我们生活中必不可少的一部分，说出自己的想法体现了学生们的主人翁意识。

养成正确上网、文明上网、绿色上网的好习惯不仅是孩子们的责任，家长们更要以身作则。所以，此次倡议书采取学生家长一起参与的方式，在“加油签名”位置框中，家长写下对孩子的鼓励。学校倡导孩子与家长一起互相监督、互相提醒、健康行动。

本次命题作文旨在帮助学生了解网络的利与弊。网络可以拓展我们的视野，给生活带来很多方便，同时也存在一些弊端。有弊端不可怕，我们可以养成安全上网、适度上网、健康上网的好习惯，在这里我们呼吁家长们积极配合，做到家校合作，一起为学生营造绿色的、良好的、健康的、文明的上网环境。

(2)主题升旗仪式助力好习惯养成

“少成若天性，习惯如自然。”学生的心田是一块神奇的土地，你播下思想的种子，就会获得行为；你播下行为的种子，就会获得习惯；你播下习惯的种子，就会获得性格；你播下性格的种子，就会获得命运。教育就是养成良好习惯，好习惯使人受益终身，而小学生正是习惯养成的关键时期。为了更好地落实习惯养成教育，济南高新区奥龙小学一直将好习惯养成作为学校升旗仪式的重要主题之一。

以“养成良好习惯，做文明小学生”主题升旗仪式为例。

法国学者培根指出，习惯是人生的主宰，人们应该努力追求好习惯。好习惯养成教育一直以来都是济南高新区奥龙小学立德树人工作的重要组成部分。奥龙小学五年级一班承办了“养成良好习惯，做文明小学生”主题升旗仪式。

好习惯一旦养成则受益终身。五年级一班六名同学进行了“养成良好习惯，做文明小学生”的国旗下讲话，号召同学们在新的学期珍惜每一分钟，勤奋学习，积极向上，从一点一滴中逐步养成良好的行为习惯，走好人生的每一步，做文明有礼的小学生。好习惯标兵也为大家分享了他们的好习惯，如举止文明、诚实守信、按时作息、勤奋学习等。相信这些好习惯的种子一定会在奥龙小学生根发芽、开花结果。

(3)“原样交接”助力好习惯养成

原样交接是个人的举手之劳，体现的却是“与人方便，与己方便；我为人人，人人为我”的文明美德。每个人都是受益者，更是管理者。原样交接，既是一种生活的态度，更是对集体、对他人的尊重。济南高新区奥龙小学一直重视学生原样交接好习惯的培育和养成，为此开展了各类主题教育活动，促进该项工作扎实落地。

以“原样交接”习惯养成主题教育活动为例。

培养少先队员良好的学习和生活习惯，提高文明素养，塑造优良品格，济南高新区奥龙小学大队部开展了“让习惯在原样交接中传递”主题教育活动。

“原样交接”就是做到物归原样、完好交接，具体是指在校内所有公共场所，包括教室、餐厅、功能室以及图书角等，使用物品后确保物归原处，还原成使用前的样子。例如，大型活动举行完毕后要保持场地的整洁和物品的完好，下课后自觉把教室整理干净，就餐完毕后整理好自己的餐桌，阅读完后将图书放回原位并将座椅归位等。这些看似简单的细节却真实地反映了一个人的内在修养。

原样交接应从身边做起，从点点滴滴做起，让文明传递下去。具体细则如下：

·学生早上进校门，必须按照规定路线排队进入教学楼。

·学生进入教室后，保持教室干净整洁。桌面只留当堂课的课本及学习工具。

·桌洞保持整洁，将图书统一摆放在桌洞的右侧，将铅笔盒置于左侧。

·桌椅摆放整齐，成一条线。

·下课以后，要把所用图书摆放好后再出去活动。起身离开座椅时，须将座椅摆放整齐。

·学生书包统一摆放在桌子一侧。

·下课以后，教师要关闭多媒体，保持讲台桌面的整洁。

·教师以身作则，在开完会、用完公共用具后，做好原样交接工作。

原样交接既是一种生活的态度，又是对集体、对他人的尊重。原样交接就在我们身边，就在点点滴滴之中。原样交接不能仅停留在口号、形式上，要让它真正成为我们的习惯，成为我们每个人的行动。

(4)全员全科“开学第一课”引领系列课程

良好的开端是成功的一半。每学期的开学第一周是学生从假期生活到学校生活的关键时间节点。济南高新区奥龙小学延续多年传统，不急于学习新课本，而是通过设计开学第一周“十个一”系列教育活动，帮助学生适应开学，打败“开学综合征”，推动学生养成良好行为习惯。

以“开学第一课，班级公约”主题教育课程为例。

奥龙小学本学期的“假期·开学”系列课程主要结合学生开学适应训练、“爱党爱国爱家乡”系列活动、劳动种植课程、首届科技创新月系列活动等，进行全面统筹，科学地设计了适合不同年级学生特点的“十个一”主题内容并有条不紊地推进实施，助力着全校师生的开学适应和健康成长。

·童心向党：观看一部党史纪录片。

2021年是中国共产党成立100周年，奥龙小学全体师生通过观看党史纪录片，学习党的伟大光辉历程，增强师生的民族自豪感和责任感。

·传递红色：开展一次红领巾活动。

红领巾是红旗的一角，是革命先烈用鲜血染成的，它的精神在校园里时时刻刻影响着我们。奥龙小学充分发挥红领巾的引领作用，在本次开学典礼上，学校启用了“红领巾奖章”成长评价机制，并依托“红领巾奖章”开展各类红领巾相关主题教育活动，让红领巾精神在奥龙校园熠熠生辉。

·规则意识：建立一份班级公约。

班级是学生接触到的最早的社会组织。每学期开学第一天全体学生一起制定班级公约，培养学生的规则意识和社会契约精神。

·习惯养成：确立一个好习惯目标。

一直以来，奥龙小学注重学生习惯培养，通过原样交接、文明礼仪、卫生打扫等好习惯的培养，加强学生好习惯养成教育，让良好的习惯伴随学生的一生。在本学期第一节班队会课上，班主任老师带领全体学生每人制定一个好习惯目标，并在本学期践行，力争达到既定目标。

·安全防范：开展一次安全演练。

安全警钟长鸣，时刻不放松。开学第一周，奥龙小学按照学校计划，继续开展学生安全演练，加强学生安全教育，提高学生安全防范意识。

·成长分享：进行一次假期分享。

在本学期开学第一周，奥龙小学延续假期课程成果分享的传统，于周四组织“假期十个一，收获乐分享”活动；同学们热烈讨论假期收获，以个人、小组、集体为单位，把自己在假期中关于读书、学习、生活、实践等方面的收获进行分享和展示，为假期画上一个圆满的句号。

·生活课程：开学第一课内容丰富有趣。

奥龙小学各科老师在开学第一课上不讲新课，而是设计一系列的开学适应性课程，根据各学科特色，结合党史学习教育、思政渗透、心理指导等，让学生们循序渐进地适应学校生活。

·文明卫生：进行一次卫生扫除。

美化环境，从我做起。奥龙师生响应国家爱国卫生运动的号召，在开学初展开一次全面的卫生大扫除，并对学生进行环境卫生教育，促使他们增强热爱环境、保护环境的意识，学会从身边的环境卫生做起。

·劳动实践：进行一次种植活动。

相约春天，播种希望。结合植树节的良好契机，为更好地培养学生们的动手和实践能力，学校根据校园环境统筹规划，通过班级认领“责任田”，开展一次全校师生人人参与的春季种植活动，在美化校园的同时也让学生获得了亲身探索的体验。

·心理调节:上一堂心理指导课。

开学前,学校通过线上线下相结合的方式,全面摸排学生的身心健康状况,在开学第一周结合任课老师开学第一课,对学生进行心理指导。通过讲心理小故事、分享心理小案例、课前10分钟谈心等方式,全面纾解学生紧张心理,让其平稳度过开学适应期。

2.心理辅助

(1)家校共育,为爱同行

每个假期的开学第一周我们都不急于讲新课,而是全校教师、学生、家长联手进行开学适应教育,尤其是针对一年级的小学生,甚至用更长时间开展系列入学适应教育。不仅孩子们需要适应,而且老师们和家长们也需要适应。其中,面向各年级家长开设的线上线下相结合、集中与自主相结合的心理健康教育课程,已经成为学校开展家长开学适应课程的重要举措和传统做法。

比如在每年新生入学的第一天,尹怡华校长都会面向全体新生家长进行入学适应心理培训和指导,重点就小学生与幼儿阶段孩子的年龄特点以及小学与幼儿园的常规运行、环境与学习方式的不同等,给家长们进行详细介绍。尹校长还会结合多年的办学实践经验,通过讲解与体验互动相结合的方式,引领家长对新入学的子女进行家庭教育,为大家讲解家校沟通的相关规律、策略和技巧等,给家长们进行系列指导。这样的专题讲座,既是对学生入学适应的一种指导,也是对家长心理适应和开展入学适应家庭教育的及时引领。尹怡华校长每次都会收获在场家长的一致认可和"粉丝团",当然通过这样的课程,更可打通家校沟通的路径,促进家校共建和高效办学。

再比如,学校会面向不同年级段的家长,定期开展心理健康教育方面的"心理专家讲堂",帮助家长及时地掌握孩子身心成长发展规律,促进其良好行为习惯和学习习惯的养成。有一次,中美高级精神分析治疗师项目成员、山东省心理咨询师联盟副主席逄霞老师接受学校邀请,以"用心理学智慧支持孩子成长"为主题,面向全校一年级新生家长进行了一次心理健康教育讲座。逄霞老师从精神认知、投射作用、脑科学、家庭教育、自我成长五大方面进行解析,帮助家长树立正确的家庭教育观念,提示家长应了解和掌握孩子的成长特点、规律以及家庭教育的技巧和方法,懂得与孩子加强沟通互动与交流，注重自身良好心理素质的养成，以积极健康和谐的家庭环境影响孩子。逄霞老师用通俗易懂的语言，深入浅出地讲解了健康的概念、青少年心理健康状态与表现，并结合生活中的例子，引出亲子之间沟通受阻的问题，以及家长对孩子的投射作用，同时在关注青少年心理健康方面给出一些意见和建议。逄霞老师的讲座既结合生活实际，又有理论高度。她与家长亲切互动，现场气氛活跃，让家长在轻松愉悦的氛围中体验心理健康教育的重要性，为接下来的践行奠定了科学依据。

(2)开学有“礼”，助力启航

根据孩子的身心发展规律，施以科学可行的教育，促进其高效学习和快速成长。比如，为了更好地帮助学生们尽快适应新学期的生活，学会认识自己、悦纳自己，学校特别邀请心理健康教育专家为全体学生进行了一次以“我的开学‘礼物’”为主题的心理健康知识讲座。

讲座中，老师通过游戏、读绘本、讨论分享等方式与学生们互动。①“手指健脑操”，简单易操作的手指游戏活跃了课堂气氛，激发了学生们的学习兴趣；②“你怎么处理它”，通过有趣的去除白纸上黑点的游戏，帮助学生认清自我，改进不足，合理地解决生活和学习中遇到的问题；③“我喜欢自己”，组织学生们阅读绘本《我喜欢自己》，鼓励学生们学习绘本中的小猪妹妹，自信满满，喜欢自己，接纳自己，也学会更好地与自己相处；④“我的心能量”，让学生们记录三件好事，引导他们发现身边美好的事，让他们学会乐观与自信。最后，老师以“你学到了什么?”引发学生深入思考，引导学生去发现身边美好的事，培养学生积极向上的情绪。

通过本次心理健康讲座，学生们在游戏体验中获得满满“心”能量，在新学期开学之际，学会照顾自己和鼓励自己，学会挖掘日常生活中的乐趣，及时调整心态，适应新学期节奏。

(3)摸排调研，助力成长

在学生心理健康问题还未曾引起各级、各部门、各学校高度重视之时，奥龙小学就一直在坚持推进学校全员、全程、全方位心理健康教育。其中，一项最典型的做法就是，每年 4 月份，学校都会聘请专业机构为 4～6 年级学生进行专业心理测评摸排服务。通过专业机构的专业测评，出具学校各年级总报告、各班级报告和每一个学生的心理健康状况报告。一方面，对摸排所发现的各年级或班级的共性心理问题进行集体指导、团体建设等；另一方面,对各班重点学生进行重点关注,如有必要及时进行家校沟通,开展专业咨询指导。该项工作持续进行了多年,切实推进了学校心理健康教育工作。

近几年,随着大家对心理健康教育工作的持续重视,我们的心理摸排不仅面向中高年级,而且专门采购相关软件、邀请专业师资面向全校学生进行。根据摸排的结果及时、科学地指导教育教学工作,提升学生心理健康水平。心理绘画是艺术治疗方法之一,让学生通过绘画将潜意识意识化,在绘画的过程中获得心理纾解与满足,可实现诊断与治疗的良好效果。比如,心理老师让学生们进行"房树人测验",孩子们在绘画过程中认真参与、表现自我。心理老师将学生的投射情况与班主任老师进行初步讨论,并作出专业指导。这些举措都切实提升了学校心理健康教育的实效性,促进了学生身心健康成长。

3.行动践行

对于习惯养成的重要性有了正确的认知后,关键在行动。在具体的实践活动中,教师引导学生充分认识养成良好习惯的重要性,自觉遵守行为规范,学会做人,学会生活,学会学习。

(1)21天好习惯养成打卡

心理学家研究指出,不断重复一个行动并坚持21天以上,就会形成习惯;坚持重复90天以上,就会形成稳定的习惯;坚持重复365天以上,你想改变这一习惯都很难。同理,一个想法重复21天或重复验证21次,就会变成习惯性的想法,这就是养成好习惯的"21天法则"。济南高新区奥龙小学开展了丰富多彩的好习惯养成系列活动。

以"好习惯勤养成,21天乐打卡"活动为例。

人每天的活动中有超过40%是习惯的产物,而不是自己主动的决定。严格意义上来说,一个人习惯的好坏影响到其将成为何种人。良好的行为习惯对人的一生具有深远的影响,这种影响将伴随我们的学习、生活、为人、处世,进而左右我们的人生。

新冠疫情防控时期,为切实阻断疫情向校园蔓延的渠道,各地学校纷纷把开学时间一推再推。遇到这样一个特殊的"加长版"寒假,同学们在家除了进行丰富多彩的线上学习之外,更应该从书本中走出来,学会更好地生活,养成良好的习惯。

· 项目内容

奥龙小学德育空中课堂根据学生年龄特点，学校分别为低、中、高三个学段精心设计了21天好习惯养成计划(见表5-4)，鼓励全体奥龙学子在好习惯的浸润下更好地成长。

表5-4　奥龙小学1～6年级好习惯养成打卡样表

班级：	姓名：　　家长签名：							(一、二年级)
项目	内容	2.11	2.12	2.13	2.14	2.15	2.16	2.17
坚持锻炼好习惯(必备)	1.每天坚持一项或两项体育运动							
	2.每天坚持做眼保健操							
	3.每天锻炼不少于1小时							
课外阅读好习惯	1.每天读书1小时							
	2.眼到、手到、口到							
	3.多问几个“为什么”，多设想几个“怎么样”							
讲究卫生好习惯	1.勤洗澡，勤洗头，勤剪指甲，勤换衣服							
	2.睡前刷牙、洗脸							
	3.饭前便后洗手							

班级：	姓名：　　家长签名：							(三、四年级)
项目	内容	2.11	2.12	2.13	2.14	2.15	2.16	2.17
坚持锻炼好习惯(必备)	1.每天坚持一项或两项体育运动							
	2.每天坚持做眼保健操							
	3.每天锻炼不少于1小时							
懂得感恩好习惯	1.听从父母、老师的教诲，不顶撞父母、老师							
	2.体会父母、长辈的艰辛，主动给老人洗脚、捶背、夹菜等							
	3.主动替家人干些力所能及的家务活							
热爱劳动好习惯	1.整理学习用品，整理书包、书桌							
	2.收拾自己的房间，洗衣物，叠被褥							
	3.做力所能及的家务活，分类清理垃圾							

续表

班级：	姓名： 家长签名：						(五、六年级)
项目	内容	2.11	2.12	2.13	2.14	2.15	2.16	2.17
坚持锻炼好习惯(必备)	1.每天坚持一项或两项体育运动							
	2.每天坚持做眼保健操							
	3.每天锻炼不少于1小时							
勤俭节约好习惯	1.爱惜学习用品,不在课本、作业本上乱写乱画							
	2.科学理财,不乱花零用钱							
	3.珍惜粮食,不挑食,不浪费饭菜							
	4.节约用电、用水,人走灯灭,水龙头用后随时关紧							
守时惜时好习惯	1.晚上按时睡觉,早上按时起床							
	2.制定科学的作息时间表,劳逸结合							
	3.做事有计划,不盲目、不拖沓,今日事今日毕							

·参与方式

参照好习惯养成相关要求,每天完成必备项目和相应年级段项目并及时打卡,做到的请打“√”,没做到的请在空格处写“加油”。

为了帮助孩子更好地坚持,提高参与活动的兴趣,家长可以帮忙拍摄照片或小视频发到班级群里和小伙伴们共享,学校也会择优、定期发布在微信公众号上进行展示。

·评价方式

积极参与“好习惯勤养成,21天乐打卡”活动,坚持21天全部达标的,可获得“奥龙好习惯小达人”奖状。

“少成若天性,习惯如自然。”让我们一起播种行为,打卡21天,收获好习惯吧!

(2)书包整理,自理自立

济南高新区奥龙小学一直重视学生的劳动养成教育。学校在2018年开启的“劳动最光荣”主题劳动课程的基础上，又进行了升级，分别从培养学生“自理自立”“动手实践”“家务劳动”“公益劳动”四个维度进行整体规划和设计，根据各年级段学生的年龄特点和实际情况，分别为低、中、高三个年级段制定了“劳动清单”。根据“劳动清单”，月月都有劳动主题，实现家校联动、合作共育。学生可通过班级群打卡、班级小竞赛、教师评价、家长反馈等形式，在班级劳动评比栏进行积分，最终全部达标的学生可获得“劳动标兵”荣誉称号。

其中一、二年级“自理自立”劳动清单中有关于整理书包的具体标准和要求，结合学校劳动课程，二年级各中队进行了整理书包的专项学习和提升，并开展了整理书包大赛，为劳动教育和好习惯养成打下基础。

我们的书包里应该有什么？哪些物品不适合带来学校？赛前，班主任先与孩子们互动讨论书包里的物品分类，并向孩子们详细讲解书包整理的细节，做到有序整理书包。

孩子们将书包里的物品有序摆放在桌面上，仔细分析自己的书包结构，并进行多次练习。

开始比赛啦！随着辅导员的一声令下，各中队队员开始了紧张的比赛。按照文具、书、作业本、健康包四类物品分类摆放的要求，队员们开始整理。比赛过程中，队员们动作迅速，认真专注，生怕落后于他人。在较短的时间内，大家都完成了任务，书包内物品摆放得十分整齐。

短短几分钟的比赛让队员们懂得了自己的事情要自己做和快速有序整理的意义，也提高了队员们的动手能力，为学校进一步评选“原样交接”好榜样拉开序幕。

(3)习惯养成，锤炼意志

每学期开学第一周，老师们通过“假期·开学”适应系列课程，帮助孩子们尽快适应学校的生活。这已经成为奥龙小学的传统。其中，体育老师负责的“开学适应训练”成了奥龙校园一道亮丽的风景线。

经雨水冲刷过的跑道显得格外宽阔，被雨露滋润后的绿植变得分外耀眼。一年级的“小豆丁”们用一双双好奇的眼睛四处打量着校园的每一个角落。

随着体育老师的一声声口号，“稍息”“立正”“向前看齐”“向后转”，孩子们不再自由散漫，小脸上展露出认真的神情。清脆响亮的指令，简单重复的练习，孩子们笔直的腰杆述说着他们不服输的毅力。老师们不厌其烦地纠正孩子们的站姿和队列，一遍遍地做着稍息立正和四面转法的示范。几天下来，孩子们的进步令人欣喜。

学校还专门从校外请来了教官为中年级孩子们军训。“手指贴裤缝，双手自然下垂，肩膀打开。”教官亲切而有力的话语在操场上回荡。在教官的一一纠正和指导下，三年级的同学把军姿站得有模有样，也过了一把“小军人”的瘾。“原地踏步走！”一声令下，奥龙学子用饱满的精神面貌和挺拔的身姿向教官们交出了令人满意的答卷。

高年级的同学除了进行原地的队列队形操练、四面转法练习以外，还进行了行进中的队列练习。“一二一，一二一”，从齐步走到行进跑，简单的事情反复练习，为的是一次次的突破自我。铿锵有力的步伐和齐刷刷的脚步声都为低年级的弟弟妹妹做出了榜样。

历经风雨，终见彩虹。成长就是一次次的蜕变，成长如破茧成蝶，只有先经历风雪，才能拥有这一片蓝天。期待孩子们在新学期中带着这份勇气与毅力续写新的篇章。

小学阶段是一个学生养成各种好习惯的关键时期，也是一个人成长的重要时期。让小学生养成良好习惯，需要家校配合，需要老师和家长形成合力。家长应指导和督促孩子不断强化好习惯，改正不良习惯，配合学校共同抓好对孩子的习惯教育，形成家校合力、齐抓共管的局面。习惯养成教育就是润物细无声的工作，不能急功近利、浅尝辄止，要常抓不懈，持之以恒。

三、德育成效

近年来，学校德育工作运行高效、成效凸显，尤其是思政教育、心理健康教育、各类好习惯养成教育、劳动实践教育、研学主题活动、班级项目课程、年级“五个一”素养培育课程，可谓内容丰富、形式新颖，其中多项主题项目获国家、省、市奖项和荣誉。

其中，学校“假期·开学”系列课程德育成果被评为济南市第二届德育品牌，心理健康“十个一”系列工程被山东省教育厅评选为省级特色活动，“种子+”课程思政育人体系实践项目被成功立项为山东省教育厅思政课改项目并已顺利结项。创先争优过程也是奥龙学子德育素养的自然养成过程，全校600多名奥龙少年阳光上进，有梦想，有活力，努力实现全面发展、个性成长，近年来更是有200余名学子在国家、省、市级各类评优评先中获佳绩。学校育人成效得到家长、社会及各类观摩团的好评和赞誉，实现了学校办学育人的阶段性总目标。

学校德育建设，不是一朝一夕的事情，也不是一蹴而就的事情，需要家校社共同携手，同向同行，积极践行，努力培养有理想、有本领、有担当的新时代合格接班人和建设者。学校立德树人的研究与实践，我们一直在路上！

第三节　雅润管理，雅正创新

"雅"即合乎规范、正确、雅致、绿色、高效。雅润管理涵盖两大层面：一是遵循规律与科学，二是追求绿色创新与高效。

一、雅润管理总述

学校管理工作是一门展示综合能力的艺术，能够为学校可持续发展提供核心力量，不仅关乎学校发展的整体水平，而且关乎学校教育教学质量。奥龙小学高度重视学校管理工作，结合学校实际，确立了"雅润管理"理念。"雅润管理"作为"和润"教育中"润"的重要组成部分，是学校发展的一面旗帜，是引领学校发展的内驱力。

"雅润管理"的第一层内涵：遵循规律与科学，做到规范雅致。这主要是指学校要规范管理，严格执行各级办学规范与要求，制定符合学校实际的各项规章制度，让各项工作的开展有章可依。学校在制定各项规章制度时遵从多元智能优势发展原则，鼓励每名奥龙人呈现个性，增强共进共育共成长效能。规范雅致的核心内涵是精细化管理，这既是学校雅润管理的重要方法与途径，也是新时代赋予学校的新理念，是学校提高管理效能、实现办学效益最大化、办人民满意教育的必由之路。精细化管理的最基本特征是重细节、重过程、重落实、重质量、重效果，要求专注地做好每一件事，在每一个细节上精益求精、力争最佳。奥龙小学的精细化管理体现在学校工作的方方面面，包括聚力管理精细化、教研精细化、服务精细化、家校合作精细化、品牌建设精细化等工作。从教育教学层面的"七步法集体备课""511教研机制"等模式的实践与运用，到班级管理层面的"班级管理精细化""安全教育精细化管理”等制度的制定与实施；从常规工作层面的“教师在校一日常规”“学生在校一日常规”等流程的制定，到家校合作层面的“‘养教有方’家长大课堂”“‘工作坊’式家长论坛”的高效开展，各项工作都做到精雕细琢、求真务实。精细化管理的落实，推动了教育的高质量发展，不断提升着人民群众对教育的满意度，并正在锻造教育现代化的“高新品牌”。

“雅润管理”的第二层内涵：借助先进技术，追求绿色创新与高效。主要是借助现代技术优势，提高管理效能。作为山东省教育信息化示范学校，奥龙小学一直重视教育教学的信息化建设，这成为提升学校管理效率与效能的重要方法和路径，便捷、绿色、高效成为学校管理的特色亮点。从电子书包助力课堂教学，到“码墙”“码板”“码册”的使用；从市区两级教育资源公共平台（简称“云平台”）的建成使用，到“UVC远程互动”设备的引进；从新兴媒体如荔枝电台、班级优化大师的投入使用，到奥龙教师人人都做信息化“专家”……学校从师资、经费、软硬件配备、激励管理等多方面积极推进，创新探索，将技术应用与学校管理、教育教学进行深度融合，不断实现新的突破。

在“雅润管理”理念的引导下，学校办学行为规范、管理水平不断提高，实现了持续、快速、健康发展。下面从“雅润管理”的两层内涵，结合相关具体事例进行详细阐述。

二、实行精细化管理，助力常规工作上台阶

精细化管理是一种理念，是一种文化。它是社会分工精细化和服务质量精细化的必然要求，是实现管理制度化、程序化、标准化、细致化和数据化的手段，能够使组织管理各单元实现精确、高效、协同和持续运行，做到管理责任具体化、明确化。“精”，意在尽心专一，志向坚定；“细”，意在向更高的广度深度钻研拓展；“化”，意在感化教化，同化外化。“精细化”就是把管理的规范性与创新性结合起来，从而走向成功和实现各种可能。实行精细化管理的本质意义在于它是一种对战略和目标进行分解、细化和落实的过程，也是提升企业整体执行能力的一条重要途径。

“人”“事”“钱”被大家公认为精细化管理的三要素，对学校管理来说也不例外。学校是促进学生生命成长的重要场所，教育是引领生命成长的重要途径，而教师则是影响生命成长的重要力量，所以在学校管理运行过程

中，对“人”和“事”的管理是首要任务，是学校工作高效运行的重中之重。在精细化管理的实际运行过程中，奥龙小学重点聚焦学校队伍管理精细化设计和运行，将日常教育教学的重点事项和内容巧妙地进行融合推进，以“教师管理精细化”带动教学教研精细化、课堂建设精细化、家校合作精细化、品牌项目精细化等，实现学校教育教学高质量发展。

（一）推进“教师队伍管理”精细化，保障工作高效运行

对“人”的管理是精细化管理最基本、最核心和最关键的元素。在学校管理过程中，教师是推动各项工作高效、精细运行的根本力量，所以，推进“教师队伍”的精细化管理应该成为学校精细化管理的重中之重和基本前提。

奥龙小学一直将教师队伍培养建设作为学校高质量发展运行的根本。尤其近五年来，结合学校的教师队伍现状，开展专题研究与设计，通过科学规划、梯队培育、课题引领等多举措构建一体化运行机制，以此推进各层面工作精细化管理，成效凸显，特色鲜明。典型做法可以归纳为三大方面：基于“研究”的设计、基于“成长”的运行、基于“自觉”的发展。

1.基于“研究”的设计

基于“研究”的设计主要是通过深入调研、分析教师队伍现状和发展目标需求，系统地追问教师队伍发展“为什么”“是什么”“怎么办”“怎么样”，将师资队伍的精细化管理做成课题，进行系统规划和顶层设计。借鉴我国学者韩启德的定义，“教师共同体”是指一群志同道合的教师共享一定的资源和环境，相互尊重、相互联系、相互影响，共同推动自身的发展，由此而形成的学习群体。2018 年，学校将“教师专业发展共同体有效机制建设研究”进行课题设计并成功申报立项为省级“十三五”教育规划课题，开始全面系统地开展以“教师共同体”为基本单位、以教师梯队培育和高效课堂建设为主路径、以促进教师专业发展和学校高质量办学为总目标的有效机制研究。

2.基于“成长”的运行

课题研究之初，结合奥龙小学教师队伍整体情况，学校设计确定了以“种子教师—新秀教师—骨干教师—首席教师—领军教师”命名的校本化教师梯队建设机制，促进教师获得持续进步的动力，引领教师逐步成长为不同领域具备影响力的各类名师。

自 2018 年起的实践探索构建起了集“组织建构机制（Construct）、高效运行机制(Operate)、成长评价机制(Assess)和持续创新机制(Innovate)”于一体的“COAI 一体化”机制，这是学校教师梯队建设和专业发展“校本化”研究实践的核心内容和成果(见图 5-4)。“COAI 一体化”机制的创建与应用科学、可行、高效，项目内容更多侧重教师专业素养、专业能力发展的共性通识目标，尤其是在促进教师个人或共同体专业化素养的持续发展与提升等方面，发挥了不可替代的重要作用。

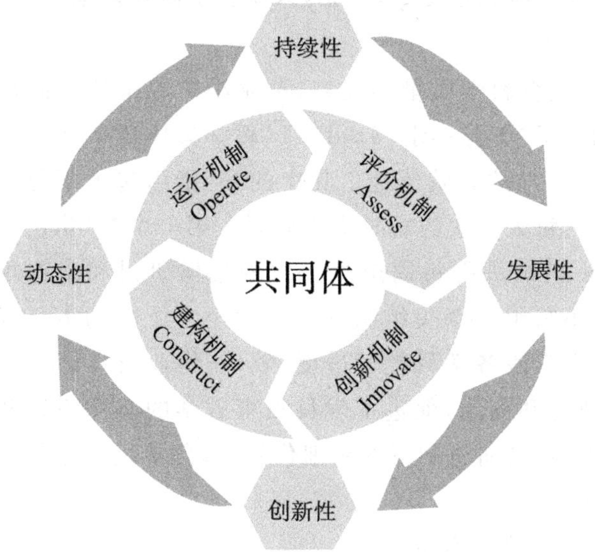

图 5-4　奥龙小学“COAI 一体化”机制图谱

3.基于“自觉”的发展

从原有制度层面的推进到现在有效机制的运行，奥龙小学教师队伍建设逐渐走向自主自觉发展的新阶段，不仅呈现出高效的团队运行态势，而且实现了教师个体的自主自觉引领和带动优势。每一位老师发挥各自优势，找准自我生长点，牵头各个小项目。不仅有系列骨干教师的重点引领项目推动学校各项重点工作的有效落地，而且有各具优势的老师们发挥自己的优势带动学校特色工作的创建。在奥龙小学，每一位教师都是“管理者”，每一位教师也都是“被管理者”，人人都是学校发展和个人专业成长的主人，自觉、主动地自我发展着，推动了学校的全面建设和特色品牌建立。

学校精细化管理，可谓内涵丰富，形式多样。奥龙小学教师队伍的精细化设计与管理运行只是学校精细化管理、智慧化推进的重要内容之一。未来三年，学校将更加科学系统地进行成果深化和转化研究，尤其是进一步聚焦课堂建设、学生学习方式改革创新等实践的深化，致力于为老师们的课堂教学改革创新做好服务，取得更大成效。同时，学校也会从更多层面入手，抓实、抓细、抓精，全面落实精细化管理，促进学校办学育人内涵的进一步提升。

（二）推进“教研备课管理”精细化，保障教学高效落地

1.“511”教研机制

为切实保障教育教学质量的提升，奥龙小学着重从教研机制方面进行精细化安排，制定了“奥龙小学‘5＋1＋1’教学集体教研运行机制”，保障了各学科教研常规运行的高效落地。其中的“5”指由包干干部牵头组织各年级进行每周5天、每天1次的短时集中研讨。第一个“1”指由各学科大组长（含班主任）牵头组织进行每周至少1次的集体研讨和工作规划。第二个“1”指由各备课小组组长牵头组织进行每周至少1次的本年级学科教研和交流，重点是就本学段各学科教学进度、效果、作业设计、学生辅导、技术策略等进行具体研讨和商定，促进本学科教育教学的有序组织和高效课堂建设。通过实行“511”教研机制下的精细化管理，各年级各学科的教育教学质量都得到进一步的提高。

2.“七步法”集体备课模式

立足学校教育教学发展实际，以教育科研为先导，以课堂教学为渠道，以强化常规管理为手段，以提高教学质量为核心，学校重点在学业质量、特色课程、课题研究等方面进行了精细化设计和高效推进。在备课模式上，学校探索出了“七步法集体备课”模式，细化备课、辅导、检测、作业批改、巡课检查等环节，确保了课堂教学的高效建设与达成。

第一步：确定时间，确保充足的备课时间（半天以上）；第二步：固定环境，选一处安静的环境（考虑多媒体等必备品）；第三步：分享提纲，分享个人设计好的方案提纲（个人初备要求：研究课标、教材、教参及其他相关材料，抓住五点即重难点、易错点、易考点、易混点、疑问点并分析学情）；第四步：逐个发言，由每个人提出问题，主备人负责汇总（主备人负责携带笔记本电脑记录、汇总），并反复进行修改，直至学期末形成具有特色及便于实操的集体备课模式；第五步：个人思考，利用多媒体呈现问题并进行个人思考（根据问题多少确定思考时间，并将问题逐条写到便签上）；第六步：集体研讨，结合问题与个人思考进行汇总整理；第七步：修正文案，主备人和记录员将大家统一后的意见进行整理定稿。

（三）推进“延时服务”管理精细化，落实“双减”共助成长

为认真贯彻落实中共中央办公厅、国务院办公厅印发的《关于进一步减轻义务教育阶段学生作业负担和校外培训负担的意见》及省市区相关文件精神，全面推进素质教育，切实减轻学生过重的课业负担，提高课堂教学效率，促进学生全面、健康而有个性的发展，学校本着学校主动作为、家长完全自愿和公益普惠三个原则，规范学校办学行为，提高课堂教学质量，加强学生个性化辅导，培优辅差，通过“一个中心”“两项举措”“三大行动”多措并举，有效推进“双减”工作扎实落地。

1.一个中心

“双减”减的是学生过重的负担，但“减”的目的是“增”，即通过减轻负担来实现育人的增质增效。结合“和润”课程体系，学校积极进行德育课程、劳动课程、体育健康课程、心理健康课程一体化建设，积极促进学生在德、智、体、美、劳方面的均衡发展。此外，开设丰富多彩的特色选修课程和社团课程，将“双减”工作融入教学体系，让学生发展特长，减轻压力，身心愉悦，全面发展。

2.两项举措

开学伊始，学校分层分批召开家长代表和教师的座谈调研会，面对面了解家长在“双减”背景下新增的服务需求。在广泛调研的基础上，针对家长普遍提出的“校内完成作业，增加体育锻炼”的需求，学校充分整合教育资源，发挥学校现有场地、教室和设施的作用，为学生提供兼有实践性、趣味性和教育性的自主学习、文体活动。每周一至周五下午两节课后，学校会安排以“体育锻炼”和“作业辅导”服务为主的活动。在保障学生安全的基础上，以班级为单位组织开展有利于学生全面发展、个性成长的形式灵活、内容丰富的活动，如体育活动、自主作业、课外阅读等。

(1)课后锻炼一小时

鉴于每天的大部分时间学生进行的都是课堂学习活动，因此学校安排学生进行室外活动，以缓解疲劳、放松身心。结合体育活动特色，学校有序高效地开展“一操一技一特色”。其中，“一操”是指全体学生做广播操；“一技”是指针对不同年级学生设计的体育技能练习，如一年级跳小绳，二年级篮球操，三年级武术操，四年级跳大绳，五年级踢毽子，六年级垫排球；“一特色”是指以班级为单位开展的特色体育活动，如“丢手绢”“捉小鸡”“跳房子”等。

(2)作业辅导减负担

指导学生自主完成课后作业，做好答疑解惑工作，尤其是对学习困难学生给予一对一辅导，确保延时放学后全体学生均能完成作业或仅剩余少量作业。针对作业完成之后尚有余力或低年级学生没有书面作业的情况，学校安排了相关的课外阅读、动手实践、游戏活动等。同时，为了丰富学生延时学习的内容和个性化学习，每周五下午还设置了自主选修课程。目前，学校一直在有序高效地推进此项举措。学生们每天在学校完成作业，当天值班老师对个别学习困难学生进行及时指导。学生们学习效率提高了，回到家可以自主安排的时间也多了，家长们非常认可。

3.三大行动

(1)积极构建高效课堂

课堂是学校教育教学的主阵地，教师是学生学习成长的主导人。学校着力构建“KPC 高效课堂”教学模式。各学科工作坊、各共同体团队积极开展深度研讨活动，进行“KPC 高效课堂”教学研磨。老师们精心地备课，一次次地磨课说课，不仅促进了课堂教学的改革创新，而且促进了教师自身专业素养的提升，为学生素养的培育与全面发展提供了更有利的环境，为“双减”政策的落地提供了有力保障。

(2)改革创新学科作业

立足学生学习活动，系统、科学、合理地设计不同层次的作业，引导学生自觉预习、及时整理和巩固所学知识，使知识转化为能力。切实减少简单记忆、机械重复的练习，精心选择与学生基础相适应的、重在迁移运用的作业。作业布置数量适当，难易适度，配置有梯度，以学生的认知能力、学习状况、实际发展水平为依据，不布置超越学生能力的作业。鼓励音乐、美术、体育等学科的教师布置适量的实践性作业。加强作业形式的灵活性和生动性，调动学生的学习积极性和创造力。

①统筹确定作业量。教师应严格按照新课标要求，科学合理地布置家庭作业，分层筛选，不布置重复性作业。班主任对班级作业总量进行把关，

审查与统筹协调本班作业总量。班主任负责与各学科老师沟通，各学科老师相互协调，教学研究中心按周课表进行统筹，确定每天布置作业总量不超过90分钟，并细化到每天的各学科作业量。

②精选作业内容。各学科教研组坚持研究学生作业设计，围绕作业内容、数量、要求等方面，组内成员在集体讨论后提出学生作业周布置计划。与此同时，精选作业内容，确保作业具有典型性和启发性。

③科学设计作业形式。丰富作业形式，提倡布置探究性、实践性的家庭作业。各学科作业形式应结合学生的实际，除布置一定量的书面作业外，应加强作业形式的灵活性和趣味性，调动学生的学习积极性和创造力。既要有练习型、准备型作业，也要有拓展型、创造型作业。除书面作业外，还要鼓励口语交际作业、综合实践作业、实验操作作业的编制和布置，逐步实现作业形式的多样化和个性化。

④给学生选择的权利。尊重学生学习上的差异性，提倡把作业形式改为“必做作业＋鼓励做作业＋选做作业”模式，使各层次的学生都有收获。

⑤建立教师“下水作业”制度。凡是要求学生做的作业，教师必须先做一遍。教师在做作业的过程中，了解作业的难易程度、所需时间、规范格式、容易出错的地方和适宜的学生群体，做到布置作业适量且具有针对性。

⑥坚决杜绝给学生布置机械性、重复性、难度过大的作业。不允许教师用增加作业量的方式或罚写、罚抄等形式惩罚学生。

(3)凝聚家校育人合力

当教育主阵地回归校园和家庭，学校的角色更加重要，家长的作用更加凸显。学校积极构建学校组织、家长参与、社会支持的家校社共育格局。作为济南市首批“家长学校示范校”，奥龙小学逐步建立了家庭教育组织机构，成立了学校、年级、班级三级家长委员会，每学期至少开展两次线上线下相结合的全员家庭教育培训，指导家长树立科学育人观念。此外，积极搭建教育服务平台，通过组织“家长大讲堂”“家长进课堂”等活动，不断完善家庭教育体系，持续推进家庭教育工作，形成合力，共同做好“双减”工作。

随着各项措施的落实，减负成效是明显的。课堂生态发生了变化，教师的课堂灵动起来了，学生的思维活跃起来了，学生的课余生活也越来越丰富了。落实“双减”工作，切实增强了学生的学习幸福感，助力了教学工作的提质增效，这离不开全体师生、家长和社会的共同努力。全体教师也必须树立全新的教育教学理念，与时俱进，打造良好的教育生态，让奥龙学子在学校的大家庭里健康成长！

（四）推进“安全管理”精细化，筑牢校园安全防线

校园安全是学校工作的基础底线，更是学校和谐稳定发展的重要保障。为切实抓好各项安全管理工作，增强教师及学生的安全意识，杜绝校园安全事故的发生，奥龙小学多措并举，积极推进校园安全精细化管理。

1.“一岗双责”，强化安全管理主体的责任

强化“一岗双责，党政同责”，明确从上至下的安全管理责任。落实各时段各岗位主要工作职责，并在校内进行公示，将岗位职责落实情况置于师生家长监督之下，增强教职员工履职的自觉性与责任心。根据学生上学和放学的情况，设立上、下学段护学岗制度，值班教师、安保人员、班主任联动配合，确保学生安全平安进校、安全离校。同时，学校结合各类安全提醒，及时下发《致家长的一封信》，向家长讲明存在的各项安全隐患，引起了家长的高度重视。

2.多措并举，夯实全体师生的安全意识

（1）每月一次安全例会成常规

根据不同时节的安全工作重点，学校布置安全教育重点内容，积极发挥安全教育平台作用，利用每周班会有序推进安全教育宣传工作。实行“1530”安全教育模式，让下课前1分钟、放学前5分钟、节假日30分钟安全教育成常态。同时，利用节假日期间家长到校的时机对家长开展安全教育，发放《节假日告家长书》，提醒家长履行安全监管职责，深化家校合作，确保校园安全。

（2）每月一次应急疏散演练

坚持每月至少组织一次应急疏散演练，演练内容涵盖防震应急疏散、消防应急疏散等。通过应急演练，学生提高了应急避险防范意识及处置能力。

（3）定期推进全员安全宣讲活动

在校园内张贴防踩踏、消防、交通安全、食品安全、传染病防治等安全教育宣传提示；利用班级多媒体、学校LED显示屏组织学生观看防灾减灾、防溺水、119消防安全、122交通安全等专题宣传片，营造安全教育人人参与、安全提示随处可见的安全教育宣传氛围。

学校精细化管理举措的探索与实施，不仅对学校管理、学生培育、教师

成长起到了很好的促进作用,而且带动了学校各层面工作的全面开展与建设。

三、实行信息化管理,助力绿色品质创新

“工欲善其事,必先利其器。”为全面发挥信息技术支撑教育改革发展的作用,奥龙小学以先进教育技术改造传统教育教学方式,以信息化促进教育现代化,助力学校教育教学的高品质落地,并使之成为学校办学品牌。

(一)示范项目

“科技是手段,人文是归宿”是奥龙小学在融合信息技术进行教学模式创新过程中始终坚持的理念和举措,尤其是在信息技术“助教,助学,助评,助管”四大方面,学校不断取得新的成效与突破。这四个方面也是学校信息化创建的重点研究方向和任务。

1.助教

通过 UVC 远程互动,助力校际教研;通过“希沃”白板、教学展台、教学助手和班级优化大师以及教育云平台上的云盘、家校帮等,促进课程实施和项目引领。为了突出云平台和电子书包个性化教学的优势,学校积极尝试将两者深度融合,专门将电子书包配置在录播教室,鼓励教师积极尝试使用电子书包和云平台开展教学应用,实现对教学评价的精准分析。新技术的应用不断改变着师生的学习成长方式。比如,学校采购并运用了“移动录播系统”,实现了全校同上一节课、远程同步教研、同步集体备课、线上直播教学,助力学校教育教学的高效落地。

2.助学

学校使用教育资源公共平台上的各类应用进行学习资源的精准推送,实现高效互动。二维码的应用也比较成熟,如校园中随处可见“码墙”“码册”“码板”,学生利用二维码参与校风建设;在日常学习中,利用二维码实现课前预习,课中难点突破、实时检测,课后作业即时提交和反馈,极大地促进了学习活动的高效开展,提高了学生学习效率。

3.助评

班主任和任课教师通过“班级优化大师”了解学生们的情况,每天将各学科的评价即时地反馈在电脑上,在班队课上对学生一周的表现进行总结、表扬。充分发挥值日班长的主动性,开展学生互评、小组排名,同时与学校

"和润奖章"争章活动结合，实现多角度、多元性的评价，助力学生自律意识的提升。有了数据支持，期末表彰和评语也变得简单高效了。

4.助管

班主任通过"班级优化大师"加强班级管理，学生都认可这种操作模式，很多家长也养成了每天查看孩子表现的习惯。这不但体现了学生评价的及时性、激励性、全面性、公正性，而且对形成良好班风有很大的辅助作用，为家校合作插上了翅膀，为课堂管理和班级管理提供了一个新的思路。

微信、QQ、钉钉、人人通等技术的运用改变了班主任和家长不易取得联系、只能通过家长会才有和家长沟通的机会的现状。通过荔枝电台、QQ 班级群"群课堂"线上直播的方式开展班级整本书阅读分享会，在全年级甚至全校进行经验推广，推动学生家庭建立良好的读书氛围，促进学习型家庭建设，也为良好的班级管理提供有力保障。

综上所述，班主任运用信息技术进行班级管理，一方面可以细化对学生的日常管理，实时掌握学生的各种表现，增强对班级的集中管理和班风建设；另一方面，有利于和家长取得及时联系，相互交换学生学习和成长情况，关注学生心理特征的变化和内心真实需求，获得家长的认可和协助，为学生创造更好的学习条件，为班级管理提供更加有力的保障。

（二）特色举措

1."码上"奥龙助力"绿色共建"

二维码是大家比较熟悉的一种信息化媒介，它信息量大、编码范围广、成本低、易制作且能够长久使用，被广泛应用于人们的生产、生活中。在奥龙小学，"码墙""码册""码板"的校园呈现已经成为一道亮丽的风景，学校所有教师、高年级学生都能随手制作小巧精妙、功能强大的二维码，让走进奥龙校园的每个人只需手机"扫一扫"，就可以了解到想要知道的内容。正是基于二维码应用的种种优势，学校积极尝试将"二维码"应用在学校管理、宣传、教学、活动、家校共建等方方面面，努力实现环保、绿色、生态、共享。

走进奥龙幸福门，大厅西侧生态墙上的"二维码专区"一定会吸引你的目光。12 个排列整齐的正方体，72 个平面，每个面上都有一个二维码。各个二维码各不相同，有的是学校特色课程展示，有的是学校班级文化建设，有的是家校沟通管理，有的是学校安全常识……72 个面，72 项内容，不同层面的内容在不同的二维码上呈现，想看哪里扫哪里，想了解哪里看哪里。丰富多样的工作内容配合学校全覆盖的无线网络,手机轻轻一扫,便知内里详情。“码墙”虽小,内涵丰富,它能将文明创建工作以文字、图片、视频等方式进行淋漓尽致的展现。同时,二维码制作简单方便,随时可以更新,目前学校每一位老师都会制作,极大地提高了学校的信息化管理水平。

同时,为了更好地发挥二维码信息承载量大、制作成本低廉、操作简便易行的优势,学校本着绿色环保、低碳便捷的理念,自 2018 年起,每年年底都会通过二维码技术,将学校一年的工作内容(包括文字、图片、视频、音频等)生成二维码,整合制作成学校“幸福奥龙码上看”宣传手册,将原本近百页的内容通过一张折页轻轻松松完成展示,不仅节约了成本,而且内容更加丰富、具体,在获得方便快捷高效等效果的同时实现了绿色共享共建,得到了各级领导专家的好评与点赞。

2.教研一体助力“线上教学”

自 2014 年 1 月起,作为济南市首家“电子书包应用”实践单位,学校开始引入电子书包应用教学项目,并积极探索各学科教学与电子书包深度融合的实践,不断升级相关的装备设施,依托高新教育资源服务平台实现了电子书包备授课由终端时代到平台时代的跨越。在白板、展台、资源应用建设的助力下,在微课助手的协助下,师生课堂教学效率得到极大提升,教师备课、授课更简单,学生学习更精准、便捷,课堂互动更高效,为今后开展多点多地学习提供了可能,为实现学生随时随地学习做好了铺垫。全员参与的电子书包项目有效促进了师生技术应用水平的提高。该成果的应用也充分体现在了日常的教育教学中,助力着学生线上线下学习衔接,有力保障了学校线上教育教学目标的高效达成。

随着市区两级教育资源公共平台(简称“云平台”)的建成,学校逐步将云平台列入日常科目,并不断挖掘云平台功能,完善应用效果。在学校空间内,已建成教师空间 38 个、学生空间 400 余个,真正实现了人人有空间、人人用空间的信息化应用格局。为鼓励教师在日常教育教学中多用、用好云平台,让云平台真正发挥应有的作用,学校在开展各类活动的过程中,也积极发挥云平台作用,并通过云平台来记录活动的组织实施过程,实现云平台与日常工作的完美结合。

以学校“绿色党建”品牌为例,为加强党员干部学习,学校“党建频道”定期推送相关政治、业务知识,引导教师通过网上阅读的方式进行政治、业务知识的学习，提高教师政治站位，提升业务水平。以学校的教学研究月为例。教师通过云平台开展备课、授课、评价等，不仅可以实现过程的全记录，还能方便快捷地完成数据的收集和整理，有效指导教师进行下一步的教学改进。此外，各班级在组织项目课程及活动的过程中，可以将师生活动的照片、过程性材料等通过云平台进行记录，丰富内容的同时宣传了活动，提高了校园影响力。假期中，各学科教师将假期课程的相关资源和素材通过云平台向学生推送。学生不仅可以随时随地登录个人云空间查看并完成作业，也可以查看其他同学的作业完成情况，还可以随时得到老师的指导，高效精准，相互促进，互动高效。

3.各类平台助力“全面创建”

学校在做好日常管理的同时，积极发挥网站、微信、QQ等新兴媒体传播速度快、瞬间影响力强的优势，将其广泛应用于日常宣传管理和家校社区共通共建中，每天通过微信公众号、云平台、安全教育平台等定时向家长、社会推送教育学生的小妙招、节假日安全提醒、校园动态、文明校园建设等信息，让家长、社会更快、更全面地了解学校、了解教育，既促进家校密切联系，又增进彼此的共识和理解，凝聚合力，促进学校教育更好发展。

家庭教育是学校教育和社会教育的基础，家长学校更是加强家庭教育工作的有效组织形式和重要途径。尹怡华校长及多名骨干教师多次受邀参加山东省教育电视台“养教有方”栏目录制。本着问题导向的原则，学校定期组织系列化专题大讲堂，由学校聘请专家团、校内骨干向各年级段家长宣讲，具体指导家庭教育问题和宣传科普知识。

4.技术支持助力“远程互动”

2016年起，学校引入UVC远程互动设备，促进学校远程教研互动交流，使学校和区里的兄弟学校实现了跨校共研。它可以即点即连，方便快捷地实现实时视频，是开展双向专题教研、实现优势互补的秘密武器。目前，学校已经积极运用平台和各兄弟学校开展了数学、语文等多种学科的互动教研，取得了良好效果。中央电化教育馆原馆长王珠珠到学校视察时，现场体验了UVC远程互动教研。此外，学校也多次利用技术优势开展全校同步课堂教学、远程互动教学等，得到了大家的认可与欢迎。

新技术的应用不断改变着师生的学习成长方式。以往必须到现场的培训学习，现如今可以实现线上线下同步进行，让更多的老师拥有足不出户即可参与学习提升的机会。学校教师借助这一优势，积极参与各种学习培训及市区教学观摩课活动。2019年，学校专门列出预算，配备完成移动录播系统的采购与搭建，全面实现学校的远程同步直播、移动录播功能，全校同上一节课、远程同步教研变得更加方便、快捷。新冠疫情时期，不论是老师的教还是学生的学都面临一定的挑战，学校借助录播等信息化手段高效开展远程同步教研、集体备课、线上直播教学，有效助力居家期间师生的学习；复学复课后，学校严格按照疫情防控要求，利用移动录播设备实现全校范围的升旗直播及安全防疫、爱眼护眼、心理健康主题讲座直播，更加有力地促进了学校安全防疫及教育教学的高效落地。

总之，信息化是学校雅润管理的重要路径和载体，也一直是奥龙小学的优势品牌和重点创建内容。今后，学校将基于已形成的各类信息化特色典型案例，结合实际继续创新规划和顶层设计，并根据省市区相关工作要求，精准分析学校、教师、学生、资源建设等，确立目标，对标施策，致力于以教育教学信息化建设和教育数字化转型引领学校现代化建设快速、高效发展，同时充分发挥学校特色与品牌优势，在全市、全省甚至全国范围内发挥引领与带动作用，为教育信息化的高效创建增光添彩。

第四节　丰润评价，茁壮成长

教育评价是教育教学工作的“指挥棒”，是现代教育治理的重要环节。科学、合理、有效的评价是激励教师团队和每一名学生持续发展与提升的重要动力和保障。

一、评价总述

近几年，奥龙小学在教育教学评价方面进行了全面探索和实践应用，无论是学生的成长性评价还是教师的发展性评价，都初步构建起了有效、可行的运行机制，即奥龙小学“1234梦想阶梯”评价运行机制。具体来讲，学校“1234梦想阶梯”评价运行机制由“1个中心、2个维度、3个体系、4个结合”构建组成。该机制涵盖了教师评价和学生评价两大部分，其中教师评价重点结合教师梯队建设和日常专业成长各项内容进行设计和常态化推进；学生评价是结合学生日常德育建设和少先队建设等工作进行具体设计和实施。在该机制模式的引领下，教师专业发展与学生全面培育“两翼”同行，共进共赢，构建起奥龙小学科学有效的全员评价常态化运行体系。

二、教师发展性评价机制

（一）评价理念

激励每一位奥龙教师“心中有希望，人人有力量”是学校实施教育教学评价的基本理念和目标。自 2017 年下半年学校申请加入高新区教育系统绩效考核体制机制改革以来，在全区综合创新教育改革与全面育人发展方向引领下，学校结合已有基础和育人目标，积极探索教育评价新思路，确立了奥龙小学“1234 梦想阶梯”教师专业发展性评价运行机制，即由“1 个中心、2 个维度、3 个体系、4 个结合”构建形成的教师专业发展性评价运行机制。

（二）评价机制简介

1.1 个中心

“1 个中心”即以促进教师成长为中心。教师是学校发展的首要和最重要的力量与资源。学校各项工作的高效运行离不开教师队伍专业素养的有效、持续提升。评价机制要为每一位教师提供了解自己专业发展历程和状态的信息，促进教师专业素养的进一步发展。评价要关注教师的需求，突出激励与调控功能，激发教师的内在发展动力，促进其不断进步，实现自身价值。因此，学校设计确定了“种子教师—新秀教师—骨干教师—首席教师—领军教师”校本化教师梯队建设机制，助力教师成长为不同领域具有一定影响力的名师。奥龙小学“1234 梦想阶梯”教师专业发展性评价运行机制本着“教师共同发展需求”的基本准则，以评价促成长，对于评价内容、方式、途径尤其是结果的应用，都以能够激励、促进教师“心中有梦想，人人有力量”，愿意继续努力、持续进步为原则进行设计和实施，促进所有教师的不断成长和前行。

2.2 个维度

“2 个维度”即业务学习和梯队建设两大评价维度。

（1）业务学习

业务学习是指以学校“N＋X”业务大练兵项目为主的评价内容。为进一步提升教师的教育教学基本功、综合教研技能和创新实践能力，打造高素质教师团队，结合学校总体规划和省、市级各项重点课题、项目工作，自2019～2020学年起，学校全面分析师资情况，进行总体规划设计，确立“学习成长为中心”的教师培养定位，启动教师队伍专业发展系列大练兵活动；以“名师项目制”“学科工作坊”“青蓝共同体”为基本运行单位，将全员教师“N项通识类”业务学习与各学科“X项学科类”业务打磨相结合，有序高效地开展各类业务学习和提升活动。

一学期一轮的“N＋X”业务大练兵已经成为教师专业发展和提升的常态路径，教师和共同体的业务学习指标也是教师评价的重要维度指向。正是这样一轮轮的练兵活动促进了教师专业成长，推进了学校各项工作的有效开展。

(2)梯队建设

梯队建设是指以“种子教师—新秀教师—骨干教师—首席教师—领军教师”校本化教师梯队建设成效为主的评价内容，是学校进行教师团队建设、促进团队和个体共同提升的重要创新机制。

“种子教师—新秀教师—骨干教师—首席教师—领军教师”建设机制重点设计了以师德师风、教育教学、任务承担、特色引领、质量成效五个培育指标为主的指标体系架构。其中，师德师风指标被划分为政治素养、教师规范、一岗双责、工作满意度四个指标，教育教学指标被划分为理论通识、实践能力、研究创新、教学成效四个指标，任务承担指标被划分为基本岗任务、兼职岗任务、岗位成效三个指标，特色引领指标被划分为团队建设、项目带动、品牌影响三个指标，质量成效指标被划分为综合荣誉、年度考评两个指标。每一梯队教师的认定标准又各有侧重和不同，比如对新入职教师的培育侧重教育教学规范的掌握，因此与其他教师培育指标相比，新入职教师培育指标略有不同，除师德师风指标相同外，其余指标分别为教育规范、专业技能、综合素养指标。其中教育规范指标分为课堂管理、学科素养、家校沟通三部分，专业技能指标分为课标学习、教材挖掘、技术学习、执教能力四部分，综合素养指标分为班主任素养、研究能力、沟通能力、反思能力四部分。

每一个指标的具体培育办法又明确分为评价标准、培育内容、途径举措及评价激励四个方面。以种子教师教育教学指标为例，其具体培育办法如下：①评价标准。种子教师教育教学指标评价标准分为以下四部分：一是掌握基本教育教学理论和先进理念等；二是较好落实学科育人、课堂教学、家校沟通等基本教育教学要求；三是能够主动开展教育教学研究和自我反思；四是完成各自岗位的基本教育教学任务，并取得一定成效。②培育内容。种子教师教育教学指标培育内容安排如下：一是教育教学理论通识课程和相关书籍阅读；二是与时俱进的先进理念、专题成果课程；三是各学科听课、说课、上课、评课的专题指导课程；四是各级各类业务基本功练兵活动；五是集体研讨、校本小课题、小项目规划。③途径举措。种子教师教育教学指标培育内容实施途径如下：一是每学年推荐阅读 1～2 本教育教学理论图书，组织 1 次读书沙龙分享活动，或组织教师撰写 1 篇读书感悟；二是每学年组织1～2 场关于教育教学理论通识、先进理念等的专家讲座；三是每学年组织 1 次师徒结对、青蓝工程；四是每学年规划若干个专业共同体项目；五是每学年组织2 次听评课展评活动，每学期至少组织 1 次研究课活动；六是每学年组织2 次业务大练兵活动（如板书、命题、做题等基本功）。④评价激励。种子教师教育教学指标评价激励包含以下五个方面：一是作为学年绩效考核应用依据，二是作为各级各类评优评先依据，三是作为专业梯队成长晋级依据，四是作为各类机会、团队参与依据，五是理论通识实行达标积分制。有了明确的评价标准、培育内容、途径举措及评价激励办法，每位教师便可以确立个人专业发展的目标愿景，并为之不断努力。

学校“种子教师—新秀教师—骨干教师—首席教师—领军教师”校本化教师梯队的设计实施，使得每位教师明确了发展路径，产生了逐级进阶、持续发展的动力。我们的目标就是激励每一位教师胸怀梦想与希望，在各类动态共同体的协作互助中找到自己的生长点，成长为最优秀的自己。每年的教师节是学校新一轮教师梯队认定的时间节点，教师梯队认定是对每一位奥龙教师一年来专业成长提升的阶段性检验，是蓄满正能量开启新征程的新起点，仪式感满满，收获感满满，切实实现以评价促成长的功能价值。

3.3 个体系

“3 个体系”主要是指教师教学评价过程中实施的三大系列，分别是动态共同体系列、重难项目制系列、梯队引领式系列。

“动态共同体”主要是指对名师工作室、学科工作坊、师徒共同体三大基本共同体单位的评价。本着全员参与、人人学习、自主自愿结合的原则，将所有教师纳入三大基本共同体，教师们从不同的层面参与不同内容、不同范围的学习活动。每学期共同体团队成员和形式都不同，根据学校各项工作的持续推进和运行动态灵活调整。其中，“名师工作室”是由学校近两年来入选济南市优秀教师、济南市教书育人先进楷模、济南立德树人双领军培养人选等荣誉称号的教师命名并主持。这些名师主要结合自己的专业特长与优势，通过自主独立做课题、项目发挥引领带动作用。“学科工作坊”指以语文、数学、英综、艺体、班主任五大学科为主构成的共同体单位。这里的“工作坊”有三层含义，既是一种组织单位，也是一个聚焦式研讨的过程，还是活动的场所。“师徒共同体”重在挖掘骨干教师（师傅）的优势特色，发挥其“传、帮、结、带”作用，促进共同体内青年教师的迅速成长，同时成员之间又能相互协作、相助相长。

“重难项目制”主要是指对每学年重难点工作推进成效的评价。规划设定系列项目，由各项目骨干团队认领实施，通过对各项目推进成效的评价，督促教师实现专业成长，带动学校各项重难点工作高效落地。比如，前面提到的同伴互助式自主成长“第三空间”，以及围绕“N＋X”业务大练兵、课堂观察、学科主题式深度探讨等展开的相关评价，都属于该体系范畴。

“梯队引领式”是指以每学年教师梯队评价和目标认定为引领的教师评价体系，主要是根据每一位教师的自定梯队成长目标实现情况，进行持续引领式的评价与督促。暑假期间，学校会结合一学年以来全体教师业务学习和工作运行成效进行全面梳理和总结评定，尤其是结合学校梯队建设的系列指标和每一位教师的专业成长情况进行评价认定，在每年的教师节举行全校教师的新一轮梯级认定证书发放以及各级各类评优评先的表彰活动。这已经成为学校教师评价的重要也是核心组成部分，能够激发全体教师发展的信心，带动学校各项工作的高效推进。

4.4 个结合

“4 个结合”主要是指在教师评价过程中要坚持的四项基本原则，即过程性与结果性相结合、诊断性与激励性相结合、全面性与个性化相结合、个体性与集体性相结合。

一是过程性与结果性相结合。比如，对教师每学期的考核评定不仅是根据某一次考核或某一次比赛，而是根据教师的日常教学、师德师风、阶段性检测效果、各级各类比赛、辅导学生及每月绩效完成情况等进行量化评价，从而推选出每学期的“优秀教师”“优秀班主任”“优秀德育工作者”“优秀教育工作者”等，从教师成长视角出发给予方向引领和正面激励，为教师专业发展营造宽松、积极、有成长性的环境。

二是诊断性与激励性相结合。每年一次的评定结果既是对前一年或前几年教育教学成果的激励，也是下一个阶段继续前进的起点。通过分别设定新入职教师、新秀教师、骨干教师、首席教师、领军教师的评定标准，全校教师积极参与，根据各自的起点自主确定首次评定的等级，之后在此基础上逐级提升、逐年评定，以此激励所有教师在原有的水平上持续进步与提升。

三是全面性与个性化相结合。比如，每学期的“N＋X”业务大练兵项目，既有全面性的面向全体教师的“N项通识类”业务学习，如1项“结对”说课、1项“板书”练功、1项“思政”练笔、1项“方法”应用、1项“专家”引领等，也有个性化的结合各自学科基本功需要确定的“X项学科类”业务打磨，如语文学科的范读展示、数学学科的命题做题活动、英语学科的配音练习、艺体学科的专业技能练兵等。同时，整合学校系列重点工作内容，既高效落实各层面的具体工作，又扎实有力地提升教师综合业务水平，还为学校教育教学质量提升和学生全面素养培育提供更加畅通、和谐、高效的平台。

四是个体性与集体性相结合。比如，在学校开展的说课业务大练兵活动中，在对每一名徒弟进行说课效果评定的同时，也会根据徒弟们的表现对师傅进行综合评定，既激励每一名年轻教师积极参与说课比赛，又激发每一位师傅带领组内成员商讨研磨、把关指导的热情。最后各个师徒共同体的每一名成员都要亮相，展示风采。这种个体性与集体性的结合起到了非常好的锻炼与提升效果。师傅们也会根据徒弟获奖人数而获得“金牌师傅”或者“优秀师傅”等称号，每个人都受益匪浅。

奥龙小学的每一位教师都是具有无限成长发展可能的“种子教师”，我们的评价不是评出名次，而是通过这种过程性、成长性的增值性发展评价，激励每一位老师找到自己专业发展的生长点，形成自己的优势与风格，每一位老师都有机会成长为最好的自己。教师的专业发展目标是没有限定的，每一位老师都可以成为最好的自己，每一位老师都可以成为最优秀的教师。

三、学生成长性评价机制

（一）评价育人理念

培养“有梦想、有力量、赢未来的阳光少年”是奥龙小学的育人目标。学校结合“1234 梦想阶梯”评价模式和育人目标，积极探索学生成长性评价新思路，参照教师评价体系，也是确立了以“1 个中心、2 个维度、3 个体系、4 个结合”为主的“1234 梦想阶梯”学生成长性增值评价运行机制。

(二)评价机制简介

1.1 个中心

“1 个中心”即以促进学生成长为中心。每一个学生都是独立的个人，是学习成长的主体。小学生正处于身心各方面快速成长的关键阶段。评价要为每一名学生提供了解自己学习历程和状态的信息，促进学生的进一步发展。评价要关注学生的需要，突出激励与调控功能，激发学生的内在发展动力，促进其不断进步，实现自身价值。奥龙小学“1234 梦想阶梯”教育评价机制，本着以生为本、全面育人的基本准则，以“红领巾奖章”进阶机制为依托，结合多种方式和多个维度的评价方式，以评价促成长，激励学生不断努力，持续进步。

2.2 个维度

“2 个维度”即“学科学业学习”和“日常德行养成”两大评价维度，主要指向教育评价所涵盖的内容。结合学校总体工作内容和任务，由教学处和学生处牵头，结合各自部门工作内容特点、培育任务、运行优势等，设计面向全体学生的“各学科学业学习”层面和“日常德行养成”层面的教育评价指标、方法、运行机制、结果应用等。

“学科学业学习”主要指对日常各学科课堂教学效果的检验与测评。针对语文、数学、英语这种知识和技能性任务要求明确的学科，教学处会设计制定适合于各年级、各学科的诊断性调研、检测题目和提升策略；针对音乐、体育、美术这种技能性目标更突出的学科，会有以各类“过程性”的记录、量表等为主的评价激励办法，促进学生不断提升、不断发展。再如，学生处会结合学生日常行为习惯、必备技能，设计“红领巾奖章”“假期课程‘十个一’素养实践手册”等进行评价推广应用。

“日常德行养成”主要是结合学校立德树人根本任务的扎实落地，对学生良好德行的养成进行日常评价，主要以“红领巾奖章”进阶机制为主推进实施。具体来讲，“红领巾奖章”共分为基础章、特色章和星级章三个章目。学校结合“1234 梦想阶梯”评价激励机制，第一时间代表高新区进行了试点推行，针对不同年级段学生的认知能力，分层细化“红领巾奖章”争章标准和要求，制定争章计划。其中，基础章是“红领巾奖章”的必修章，下设红星、红旗、火炬三类章目、12种奖章，学校每月会以班级为单位进行基础章的争章和评定。特色章作为基础章的有益补充，是“红领巾奖章”的选修章，也是结合学校“和润”理念，围绕学生“德智体美劳全面发展”的培育目标，自主设计的两大类别章目，分别为“和奖章”与“润奖章”，两类章目下又设6种具体特色章。其中，“和奖章”主要聚焦小组团队成长，包含和合章、和进章、和采章，涵盖学生小组团队合作互助、共行共进、创意特色等方面的评价应用。“润奖章”主要聚焦学生个人成长，包含润学章、润行章、润趣章，涵盖学生日常学习、行为习惯、兴趣特长等方面的评价应用。每周一班队会课上，班主任会对本周特色章的获得情况进行通报，以一学期为周期进行累积评定。星级章是“红领巾奖章”的荣誉进阶章，分为五级。学校会在每年春季学期结束前，根据基础章和特色章的争章情况，完成个人和集体星级章的评定颁发工作，而后再在区、市、省、国家逐级评定。

学校“红领巾奖章”评价活动的推进得到了学生、家长及上级教育部门的一致认可，学校先后三次在市区等各级少先队会议上进行经验分享，较好地发挥了少先队组织对学校德育工作和学生全面发展的积极推动作用，实现了学校少先队工作的新发展。

3.3个体系

“3个体系”主要是指教育评价实施过程中的“一段一评”“一班一案”“一期一册”三大核心运行体系。

“一段一评”主要是指一个学段一次的阶段性综合评定，主要结合学校育人目标中对学生必备技能和素养的阶段性诊断进行评定。比如“红领巾奖章”“古诗诵读考级评定”以及对学生必备的劳动技能、体育技能、名著阅读量、艺术技能等的阶段性诊断和评定等，都是按照时间进行阶段性检验评定，重在促进学生全面素养和必备技能的养成，激励学生全面锻炼自己，培养广泛的兴趣爱好，找到自己的优势所在。

“一班一案”是指鼓励班主任在学校总体教育评价理念和方向的指导下，结合自己的班情和班级发展规划，制定适合本班学生和特色的班级管理评价办法。各位班主任集思广益，群策群力，生成了不同风格、不同形式的班级评价文化，内容涵盖学生日常行为习惯、班级公约、上课、作业、同学交往等各个层面。各班级百花齐放，各美其美，达到了非常好的育人效果。

“一期一册”是指结合每年寒暑假的假期课程设置，学校专门设计制作了“十个一”假期成长手册，将各学科的学习巩固与假期生活科学整合与融合，引导学生边实践、边成长，督促学生充分利用假期，把生活与学习相联系，把知识与实践相结合，把体验与提升相整合，切实促进学生全面成长和综合素养提升，得到了学生的喜欢、家长的赞扬和社会的认可。学校该项育人成果被评为济南市德育品牌。

4.4 个结合

“4 个结合”与教师发展性评价机制相似，主要是在评价执行过程中必须遵循的四大基本原则。

一是过程性与结果性相结合。学生每学期的期末成绩不是仅由最后一次期末检测的结果而定，而是由学生日常课堂、作业表现，学期中阶段性检测、期末检测等综合确定，是对学生学习效果、态度、习惯等的综合呈现。

二是诊断性与激励性相结合。比如语文组开展的古诗诵读考级评定活动，每年一次的评定结果既是对前一阶段学习积累的激励，也是下一个阶段继续前进的起点。通过设定十级背诵标准，鼓励全校学生积极参与，根据各自的起点自主确定首次评定等级，之后在此基础上逐级提升、逐年评定，激励所有学生都能获得持续进步与提高。再如“红领巾奖章”争章活动，学校根据各年龄段学生成长规律，给每个年级制定了不同的争章标准和细则，各年级的争章标准都是一个逐步进阶、螺旋上升的有机整体。在争章过程中，所有学生每升高一个年级，都能在思想政治、好习惯养成、艺体劳动、社交合作等多方面获得不同层次的提升，而每年星级章的评定既是对前一年的总结，又是下一年新的目标的起点，这能够使学生们更有动力、有信心去追寻每一枚奖章，不断进步，实现全面成长。

三是全面性与个性化相结合。如每学期期末各类“学生评优”就是结合“红领巾奖章”及学生各项日常学习、表现的设计，既有体现学生综合素养水平的“全优生”称号，也有体现学生日常行为规范的“和润金星少年”“和润银星少年”称号，还有“特优生”“阅读之星”“艺体之星”“进步之星”等体现某一方面或某一专长的荣誉。旨在鼓励所有学生既实现全面发展，又找到自己的专业优势和特长，一直心存希望，不断努力成长。

四是个体性与集体性相结合。比如在学校开展的班级项目系列课程中，既评定各个班级课程的总体效果，也会对各班级中表现突出的个体进行专门奖励。对集体的奖励可以增进学生的集体荣誉感和自豪感，同时，对学生个体的评定又计入班级评定的总成绩，能够激励学生积极参与活动，努力为集体贡献自己的力量。这也是学校对学生开展立德树人教育的有效举措。

奥龙小学“1234 梦想阶梯”学生成长评价机制的运行实施始终坚持两点：评价一定是为了促进每一名学生的成长和发展，评价一定是为了服务学校“全面培育人，培育全面发展的人”的总目标。“和润童年，点亮一生”，就是要让每一名奥龙小学生一直“心存梦想，聚力生长”，人人都可以向着自己一生的远大梦想持续前进。

总之，“1234 梦想阶梯”评价机制的实施，无论在教师层面上还是在学生层面上，均取得了明显成效，对于教师业务素养的持续提升、学生的全面发展、育人质量和内涵的提升等都有很好的促进和引领作用。同时，学校也会依据日常实践不断进行完善和灵活创新，以实现以评促长、和合共进的总目标。

第五节　温润校园，温暖多元

奥龙小学规模较小，空间有限，必须通过融合改造提升所有可用空间的育人功效。学校所有功能室、走廊、教室等都是多功能的教育阵地，校园处处可育人，时时有教育。环境文化建设注重多元呈现、自然生成。

一、文化育人，立校之魂

文化立校。文化是一所学校的“灵魂”。奥龙小学坚持“和合共进，润心育人”的核心理念，其中“和”“润”是核心文化定位。“和”主要指向人的元素，凝聚学校教师、学生、家长、社会等各方力量与资源；“润”是学校的教育样态，涵盖学校课程、德育、评价、管理等各个层面。“和润”理念贯穿学校教育教学各个方面，全程、全员、全方位引领学校办学育人的总方向和总目标。“爱学习，向未来”的校训是所有奥龙人遵循的发展准则。

文化建设不仅体现在精神层面，更涵盖师生通过教育活动所创造形成的精神财富、文化氛围以及承载这些精神财富、文化氛围的活动形式和物质形式。奥龙小学教学楼外观像一座童话城堡，深得学生喜爱，也寓意奥龙学子的幸福快乐、美好未来。学校重视净化、绿化和美化工作，校园环境干净、优美，自然景观、人文景观错落有致，使用功能、审美功能、教育功能和谐统一，承载着学校建设“有信仰、有活力、高品质的现代学校”的办学目标，体现了“和润教育”的核心理念。先进的设施、科学的布局、各具特色的活动阵地和功能场所是校园文化的物质载体，幽雅洁净、充满文化气息和儿童趣味的校园环境是学生生命和谐成长的“乐园”。

“要让学校的每一面墙都说话。”奥龙小学每面墙壁、每块绿地、每个角落都成为会“说话”的育人阵地，学生随时随地都能受到感染与熏陶。当校园环境形成一种精神氛围，那么一草一木、一砖一瓦等都会成为学生无声的好伙伴，都会无声地浸润学生的心灵，实现“润物细无声”的效果，赋予学生积极上进的力量，激发他们开拓进取的精神。而且，文化环境建设注重多元呈现、自然生成。教育教学过程中随机生成的思维导图、工作坊活动中的妙招碰撞、班级项目课程实践中的各类作品，甚至校园花池内的植物等，都是全校师生在课程学习、活动过程中随机生成的真实作品，虽然或许它们不够完美与精致，但都是孩子们、老师们亲身经历、亲身体验的结果。在奥龙校园这样的文化随处可见，这样的阵地处处皆是。温润校园，让所有奥龙人身居其中，安全感、归属感、幸福感满满。

二、空间融合，功能整合

（一）室内空间融合，可发挥功能室的多重育人功效

奥龙小学规模较小，空间有限，近两年学校尽力争取经费，全力打造校园，最大可能融合所有可用空间与阵地，全面提升各功能室育人功效。创客中心、未来中心、学习中心、艺体中心、泉水厅、文化厅、演说厅、多功能厅、校名墙、绿植连廊、楼内走廊、教室等，校园处处可育人、处处有教育，营造出有温度、有品位、高品质温润校园。

各楼层的多间学习中心教室，既是聚焦某一专题的学习区域，也是充满灵活创意的综合型功能室。每间教室都配备了先进实用的多媒体操作台、展览台、展示墙以及多功能学习桌椅，可以随意组合，方便学生分组而坐，开展各种共同体学习研讨、实践探究和操作等。日常学习成果作品在室内各展区展台摆放，既美化了空间，又为孩子们日常的学习成果提供了展示舞台。

一楼泉水厅和三楼演说厅是两间开放式自由活动空间，既可以摆放各类静态成果作品，也可以开展形式多样的现场活动和研讨，为各类特色课程的实施和展演提供舞台。全校师生可根据需求灵活选用，丰富拓展了师生日常学习的空间和形式。

三楼的开放式阅览室、各个教室及各楼层的开放式图书角，摆放了适合各年级师生阅读的图书。课间，学生们坐到书架前，随手拿一本喜欢的书目，利用碎片时间就可以阅读，这成为学校一道独特的风景。

三楼东侧的心理健康活动室是一个十分温馨的房间。这里窗明几净，舒服的大沙发、靠窗的藤椅、桌上的鲜花，使人一踏入就感到身心愉悦和轻松。沙发旁摆放着各类宣泄器具和专业、丰富的沙盘沙具，走进这里，可以更好地放空自我、放松身心。这里是全校师生心理成长的小小“加油站”。

（二）室外责任包干，可令人尽享劳动实践和创造的快乐

奥龙小学校园空间有限。根据校园整体规划，学校把跑道操场、篮球场、升旗广场等必需的室外活动场地以外的所有区域都尽可能多地进行系统规划和设计，将其拓展为方便种植和实践操作的种植区域，作为开展学校劳动教育的主阵地，以方便学生们在校园内就可以参与丰富多彩的劳动实践，在亲身经历中获得体验和成长。

学校精心划分“班级责任田”，每个班级自主认领，学生们在老师的带领下全员参与，对自己的班级责任田进行清理、松土、种植、养护和观察。各班根据时令种植多种多样的农作物、花草、果木等。有葫芦、小麦、南瓜、丝瓜等农作物，也有蔷薇、向日葵、月季等美化植物，还有桃树、杏树、山楂树等树苗，美丽的奥龙校园因师生的劳作而变得更加生机勃勃，一片盎然。在学生们的精心栽种和养护下，各种作物悄然长大，校园变得绿树成荫、花果飘香、硕果累累。当六年级种植的小麦成熟时，所有同学都变身收割“小农手”，在班主任的指导下，同学们亲历小麦收割、暴晒、脱粒等环节，最终收获一袋袋来之不易的麦粒。同学们带回家制作成美味的麦粒饭。自己劳动的果实，吃着真是香啊！不仅如此，高年级的同学还预留出麦粒送给下一年的毕业班同学，作为明年小麦种植的种子。这不仅是劳动果实的分享与传承，更是奥龙小学生生不息的成长期望。

同时，学校还为学生和家长搭建了亲子劳动阵地——“家庭责任田”。“家庭责任田”不仅是家校合作的完美体现，而且是学校校园环境绿化、美化、育人化的建设路径和内容之一。以家庭为单位,参与学校"责任田"种植的过程,不仅是学校巧借家庭力量完善周末和假期校园环境管理的有效策略,而且为各家庭提供了体验农耕文化、共享劳动成果的好契机,还成为各家庭利用周末和节假日尽享美好田园风光、亲子相伴之情、劳动乐趣的好时光。学生和家长走进自己熟悉的校园,感受参与劳动的魅力和快乐,品尝劳动果实,收获喜悦和幸福,客观上成为学校巧用文化环境实现家校合力高效育人的可行路径。

"家庭责任田"不仅可以为责任家庭自身提供劳动的便利,使其享用劳动成果,而且为全校师生提供了观察、学习的资源和素材。每年"家庭责任田"种植的数目较多,品种丰富多样,尤其是9月开学之际,学生们重返校园,看到生机勃勃的责任田,先是收获意外的惊喜,同时还能获得9月、10月、11月随时随地观察学习的机会,增长见识,开阔视野。

三、多元创生,自然呈现

学校通过创设温暖的校园氛围,合理规划活动场所空间布局,深入开展丰富多样的校园文化建设,结合每个时间节点的教育主题和专题,鼓励师生将作品成果分主题分区域悬挂展示,突出校园温暖多元、自然呈现的育人功能,形成生态可持续发展的新常态。

(一)二维码墙展示区彰显了绿色生态

走进一楼大厅,映入眼帘的就是学校即时动态更新的"码上看"二维码生态墙。这面墙充分发挥了学校信息化建设优势,借助简单易行的"二维码"专区设计,全面呈现学校各方面工作举措与成果,既节省空间,又节约财力、物力和人力。学校每一位教师或学生均可以把自己生成的二维码贴在生态墙上。生态墙可以一次性呈现72个二维码,也就是学校72个层面的工作内容,彰显了学校生态化建设。技术助力彰显文化育人,这一举措也大大保障了学校的办学实效。

(二)综合阵地展示区体现了泉水特色

为将中华优秀传统文化融入校园文化建设,进一步打造全环境育人氛围,学校在一楼大厅精心打造了以家乡济南为主题的"泉水厅",这也是传统文化、研学实践、主题教育的综合阵地展厅。该展厅由两面墙壁和中间大空间组成,"海右名士自古多,济南泉水甲天下"的对联高高悬挂于大厅东墙,是对济南泉水文化的介绍；西墙悬挂的是济南的多位名士的画像。值得一提的是，这个展厅里展示的有关泉水文化的素材都是由学校的同学和老师自主搜集梳理的，其中“我眼中的泉城”照片也是老师和学生们自己的摄影作品。泉水厅的上方还悬挂着充满文化气息的油纸伞和宫扇作品，摆放在展架上的书画作品均出自学生、老师之手。

（三）楼梯通道展示区精彩纷呈

奥龙小学秉承“让每一面墙壁都会说话，让每一处环境都能育人”的全环境育人理念，有效利用有限的楼梯走廊空间，集思广益，让每一面墙都做到主题鲜明、布置美观，突出“多元创生，自然呈现”的奥龙特色，如悬挂着各类学生书法、国画作品的西楼梯，丹青诗意，古色古香；悬挂着各类创意儿童画的中楼梯，活泼烂漫，充满童趣；悬挂着每一届毕业生合影照片的东楼梯，美好温暖，回忆满满。每一条长长的楼梯上无不弥漫着书卷气、儒雅气、人文气和生活气。当孩子们随时随地都能看到自己的作品在学校展出，并被老师同学们欣赏称赞时，他们脸上洋溢的是自信、阳光的微笑。

（四）班级文化展示区百花齐放

班级文化不仅反映了一个班级的总体精神风貌，还是孩子们日常表现、自主展示的舞台。学校鼓励班级文化建设“一班一案”，每个班级的文化墙都是孩子们自主设计、划分区域、即时生成的作品展示区，给人的最直接感受是全员参与、内容丰富、精彩纷呈、各具特色。有充满班级凝聚力的班级大家庭合影、结合每个同学的建议制定的班级公约、记录每个学生进步的个人成长树、内容和种类丰富的书画作品展示栏、图文结合的美文欣赏栏、规范日常行为的班级评比栏，还有日常特色课程即时生成的各类手工、书画作品等。文化墙由班级老师和学生们共同创造、自然生成，定期更换，整齐美观，从不同的方面展示班级每个学生的作品，激发学生们的创作热情，给学生提供展示自己的平台，带给学生们如家般的温暖。

在奥龙小学，“温润校园”不只是一个口号，更是一种行动、一种理念、一种价值取向。创建一个整洁有序、温馨温暖、多元自主的校园环境，创设教师乐教、学生乐学的成长环境和温暖氛围，是奥龙小学永远的目标和追求。

成效篇

十年栉风沐雨，十年春华秋实，十年弦歌不辍，十年笃行不怠。在历史的长河中，十年，只是短短一瞬间；但对于济南高新区奥龙小学来说，十年，是一代代学子成就未来的阶梯。建校十年，且看奥龙小学建校“十年磨一剑”的办学育人功效。

建校十年来，济南高新区奥龙小学在各级各部门领导、专家的关怀指导和全体师生、家长的共同努力下，各方面工作运行高效、成效凸显，尤其是在文明校园、特色课程、信息化、心理健康、德育一体化、家校共育等方面，形成了自己的教育品牌和办学特色，取得了学生喜欢、家长满意、社会认可的办学成效和教育成果。

第六章　荣誉等身，初心如磐

十年发展，成就卓然。十年来，奥龙小学牢固树立正确的教育观、发展观和质量观，以创办“有信仰、有活力、高品质的现代学校”为办学目标，以培养“有梦想、有力量、赢未来的阳光少年”为育人目标，扎实落实学校立德树人根本任务，以先进的理念全面培育一批批奥龙少年。这十年既是师生共同成长的印记，也是学校全面办学、快速发展的美丽篇章。

十年来，学校先后被评为全国文明校园创建先进学校（连续两次）、山东省首届文明校园、山东省信息化示范学校、山东省中小学心理健康教育特色示范学校、山东省绿色学校、山东省首批人工智能试点学校、山东省教育厅思政课改项目学校、山东省“十三五”和“十四五”教育科学规划课题立项学校、济南市新优学校、济南市首批“百所家长学校示范校”、济南市德育品牌学校、济南市学科教研示范学校、济南市绿色学校先进典型单位、济南市教育榜样、高新区教书育人先进单位（连续4年）、高新区家长满意学校（连续4年）、高新区学习型先进单位等。学校多项科研成果获济南市市级教学成果特等奖、济南市“双贯通”实践成果一等奖、济南市教育科研优秀成果一等奖和二等奖等。

在众多荣誉中，最令人振奋的当属山东省首届文明校园的顺利创建。山东省文明校园评选程序严、标准细、要求高，必须是各项工作全面协调发展、精神文明建设成效突出、引领示范作用明显的单位才能获此殊荣。2017年争创山东省首届文明校园之际，奥龙小学作为建校5年的“年轻”学校，毫不犹豫，积极申报。学校高度重视文明校园创建工作，坚持以立德树人为根本任务，将“文明创建”融入日常建设，重点围绕“六个好”的创建标准，倡导全体师生、家长积极参与，从自身和点滴做起，积极树立文明理念，实践文明行为，养成文明习惯；同时，与教育教学工作全过程和各环节相结合，形成文明校园建设发展新常态。在一层层一次次检查测评中，奥龙小学顺利荣获高新区文明校园、济南市文明校园，最终被评选为山东省首届文明校园，并两次被评为全国文明校园创建先进学校。这一荣誉是对学校办学成效的充分肯定，极大地鼓励了奋进中的奥龙人。

在众多荣誉中，让人备感温暖的当属山东省中小学心理健康教育特色示范学校的成功创建。学校一直将学生心理健康教育工作作为实施素质教育、德育一体化推进和学生身心健康全面素养培育的重要路径和举措。通过创设全员、全面、全方位润心育人的环境氛围，以心理健康教育课程为主渠道，结合学校主题教育、学生活动、学科教学渗透等，多渠道深入实施心理健康教育。通过心理健康教育的开展，培育学生健康向上的积极心态，促进学生全面、健康、阳光成长与发展。自获评山东省中小学心理健康教育特色示范校以来，学校继续深耕心理健康教育，做好学生的暖心服务工作，推出心理健康教育工作系列工程。其中，学校"心育十个一"系列活动成果被山东省教育厅评选为学生心理健康"省级特色活动"，学校教师原创心理健康教育绘本作品被评为济南市心理健康教育优秀成果一等奖。

在众多荣誉中，最能体现奥龙创新精神的当属山东省信息化示范校的创建。"科技是手段，人文是归宿"是学校在信息化试点建设工作中始终坚持的理念和举措，尤其是在信息技术助力课程教学高效实施、现代管理运行、文明生态创建、课堂教学深度整合融合等方面，学校不断取得新的成效与突破。从最初的电子书包教学，到将二维码应用在学校管理、宣传、教学、活动、家校共建等的方方面面，信息化助力学校实现了环保、绿色、生态、共享；从新冠疫情期间"双线制共建"教学模式，到教育云平台、学校微信平台、荔枝电台、喜马拉雅、班级优化大师、一起作业网等各类技术和平台的灵活运用，信息化助力学校教育教学已经成为奥龙信息化创建的靓丽风景。学校迎来了中央电化教育馆原馆长王珠珠和山东省济南市电化教育馆馆长、专家团的调研指导以及各级各类兄弟学校专家教师的莅临观摩学习，信息化创建多项举措、成果等多次在全国、省、市、区现场会得以推广推介并获得广泛赞誉。

在众多荣誉中，最让我们欣慰的是诸多项济南市改革项目、业务创新荣誉的获得。例如，济南市基础教育教学成果奖，是基础教育领域教学成果的最高奖项，每四年评审一次，是基础教育阶段学校及教师深化教学改革、提高教育教学质量和人才培养水平的集中体现。自建校起，奥龙小学就把“科研兴校”作为快速、高质量发展的重要途径之一，以多项山东省、济南市教育规划立项课题和山东省教育厅、济南市教育局立项的改革创新项目为依托，在办学育人过程中持续深化探索与创新，十余项研究成果获评山东省济南市特等奖、一等奖等好成绩。又如，山东省“十三五”教育规划课题研究成果荣获济南市市级基础教育教学成果奖特等奖；济南市首批新优学校荣誉的获得是对学校全面办学的充分肯定和鼓励；作为“泉家共成长”项目学校，济南市首批“百所家长学校示范校”的获得是对奥龙小学家校共育成效的高度认可；济南市学科教研示范学校的成功创建进一步提升了教师的教育教学研究能力、课程领导力与团队合作力等；学校“假期·开学”系列课程成果获评济南市德育品牌，并作为唯一小学德育创建成果被济南市教育局推荐发表在国家级期刊《教育家》杂志上；济南市基础教育教学改革成果奖、济南市思政课改革优秀成果一等奖、济南市教科研优秀成果奖等诸多成果的获得，是全体奥龙人共同奋斗、和合共进的累累硕果，鼓舞着每一位奥龙人继续前进……

对奥龙小学来说，十年是一个里程碑，也是一个新起点。奥龙小学这片教育沃土要继续闪闪发光、常现春华秋实，以更加先进的理念、更有特色的创新，更加睿智的行动，继续秉持“和合共进，润心育人”核心理念，不负教育使命和担当，向着更优更强继续奋进。

第七章　风雨同舟，桃李芬芳

十年逐梦，杏坛领峰。奥龙小学的发展与成就离不开兢兢业业的全体教职员工的辛勤付出。他们用笔写青春，以爱育未来。广大教师坚定不移贯彻党的教育方针，忠于党的教育事业，发扬任劳任怨、无私奉献的红烛精神，关心学生、促进学生发展的园丁精神，兢兢业业、刻苦钻研的敬业精神，用爱心、知识、智慧点亮学生的心灵，滋润培育每一名学生。

学校培养起一批批优秀的骨干教师和多名市区级名师，实践经验丰富，引领带动作用强，尤其是近两年学校承担的省级"十三五"教育规划课题"教师专业发展共同体建设机制研究"的深入开展，极大地提升了全体教师的专业化水平和综合素养；老师们积极参与教育教学、课题研究，教师整体科研和创新素质得到大幅增强。学校 40 余名教师中，400 余人次先后获得国家、省、市级主要荣誉。多位教师荣获山东省教育厅先进工作个人、省市优质课一等奖、市级"双领军"、市级教书育人楷模、市区级优秀教师、优秀班主任等荣誉称号，大部分老师在各级各类素质大赛、优质课、优质微课、教育案例等评比活动中获得优异成绩，不仅历练了自身业务，也为学校争得了荣誉。

十年时间里，在"和润教育"理念引领下，学校坚持五育并举，全面发展，培养了一批又一批优秀的奥龙学子。目前，学校共有毕业学生和在校学生 1000 余人，3000 余人次先后获得国家、省、市级主要荣誉，多名学生荣获省市区级"环保小卫士"，市区级优秀学生、优秀班干部，市区级"新时代好少年"，"红领巾奖章"三星章、二星章，市区"班级艺术节"一等奖、二等奖，市区健美操、啦啦操比赛特等奖、一等奖，市区毽球、跳绳比赛一等奖、二等奖，市级"少年儿童七项技能大赛"一等奖、二等奖，及国家、省、市、区各级各类艺体、书画、信息技术大赛一等奖、二等奖等荣誉称号，真正实现了培养德智体美劳全面发展的奥龙学子的育人目标，提升了学校的办学质量。学校连续多年获评家长和社会满意学校称号，家长满意度一直保持在99%以上，且有多项指标的满意度高达100%，真正成为老百姓家门口的优质品牌学校。

感往昔岁月峥嵘，喜今朝宏图绘就。今日的奥龙小学，精英骨干云集荟萃，全体奥龙人勇于担当，勤勉奋进，学生实现全面成长、个性发展。

第八章　聚沙成塔，示范引领

春风必然化春雨，耕耘终究结硕果。回首十年办学历程，学校在校园建设、办学成绩、校园文化培育等方面取得了一个又一个突破，一步一个台阶地走上了特色发展的快车道，收获了值得推广分享的教育成果。

建校十年间，学校品牌凸显，特色成效显著。奥龙小学各类品牌特色和典型举措多次在全国、省、市等各级各类现场会、论坛中得到经验推介。比如，学校多次在全国和省市区教育信息化现场会进行信息化应用典型案例经验交流，并被济南市委托承办济南市第二批山东省信息化试点单位工作交流现场会，进行经验推介；在全国绿色教育现场会作绿色教育创建举措典型发言；多次在各级现场会推介教师专业发展共同体举措，并承办山东省教师发展论坛专题现场会；多次在各级各类现场会分享家校共建先进举措；在济南市心理健康教育教研会上分享学校心理健康教育工作举措；在市、区推进会上多次推介“红领巾奖章”举措；在全市、全区专题论坛中现场推介学校劳动教育典型举措；多次在市区德育工作研讨会上推介“假期・开学”等特色课程建设成果，并承办区域德育主题现场会等。同期，学校多次迎接来自全国及各省市区兄弟学校的观摩学习，与新疆喀什疏勒县第二小学、德州市夏津县实验小学、甘肃宁夏帮扶学区建立友好结对学校，多次开展线上线下研讨交流、典型经验举措分享共建活动。更有多位学校名优教师在各级各类活动中传经送宝，如尹怡华校长多次受邀参加山东教育卫视“养教有方”家长课堂、“家庭教育大家谈”采访录制等；刘彬老师多次为聊城、新疆、德州等地骨干班主任进行培训指导、送课送研等。学校各层面先进举措、工作亮点等得到全国及各省市区各级媒体、平台的推介与报道。

筚路蓝缕，十年逐梦；薪火赓续，杏坛领峰。十年滋兰树蕙，十载桃李芬芳。“泉眼无声惜细流，小荷才露尖尖角”，奥龙小学未来的路还很长。作为奥龙人，我们衷心地祝贺她有辉煌的过去，更热忱地期盼她有卓越的未来。

悠悠岁月，生命如歌，行者无疆，继往开来。拼搏奋进、笃志前行的奥龙小学一定会再接再厉，矢志不渝，以十年征程的结束作为新的起点，用自己的智慧和勤劳书写出奥龙史册上更加辉煌灿烂的篇章。

后记:最美的未来

窗间过马,声声春秋,一行一动无不书写着奥龙成长的印记。展望未来,奥龙小学秉持“和润童年,点亮一生”的教育愿景,和合共进,润心育人,继续为创办“有信仰、有活力、高品质的现代学校”和培育“有梦想、有力量、赢未来的阳光少年”而不懈奋进。

奥龙的未来是教师们最美的未来。清晨,当第一缕阳光悄悄洒落大地、照耀着校园时,也照耀在早早入校的老师们的身上,轻轻的柔柔的,像是拥抱。这温暖,也照耀着未来,教室里、操场上、功能室里、会议厅中……奥龙教师手牵手,同携情怀和志向,奋斗在校园的每一个角落。他们将爱和教育播撒在校园的每一个角落,让奥龙学子在智慧的海洋里徜徉。

奥龙的未来是学子们最美的未来。在校园里,他们找到希望,找到快乐;在班级内,他们收获友谊,收获成长。在奥龙,他们努力着,收获着,心中装进了更多可能,校园的未来变得更加具象,他们也逐渐成长为少年。

奥龙的未来是校园最美的未来。风在校园中流动着,一边唱着轻快的歌,一边从树叶缝隙中穿过,吹拂过累累的果实,鲜花舞动,麦浪翻滚……林间小路上,欢笑声像长了翅膀似的与风一起飞翔;欢快的操场上,孩子们挥洒汗水,与风一起奔跑;温暖的教室里,老师与同学们探索知识,亲切的话语像春风一样温暖人心……

十年树木,百年树人。点点滴滴耕耘,枝头累累硕果。回顾过去,我们豪情满怀;展望未来,我们信心倍增。未来就在我们面前,路就在我们脚下,让我们继续共同携手,追寻生命中最美的希望和未来。

借此,特别感谢在济南高新区奥龙小学的建设发展过程中各级领导、专家的支持与厚爱,感谢他们的一路引领;特别感谢在本书撰写过程中济南高新区教育文体部高一鸣部长、山东省教育科学研究院张斌博士和李文军博士等专家的指导与帮助,感谢他们的专业点拨;感谢曾继耘教授百忙之中为本书作序,感谢她对奥龙小学的多年指导。由于时间仓促,水平有限,书中难免存在纰漏,请大家批评指正。

尹怡华

2024年2月